어떤 미소

홍성주 제5시집

■ 시인의 말

　모든 생명체는 언제인가는 죽게 되고 만들어진 모든 것 역시 언제인가는 없어지게 된다는 사실을 아는 것. 그것이 깨달음이라는데 죽는 날을 모르며 살기에 우리는 즐겁고 행복한 날을 꿈꾸며 살고 있지 않을까?

　하루하루가 즐거우면 평생이 즐거웁나니 평소 즐겁게 살려고 했던 일상의 생활 속에서 틈틈이 적었던 시편들을 여기 제5시집으로 묶어본다.

　주위 사람들에게 항상 부담만을 주며 살아온 지난날을 미안하고 고마워하면서 함께 살아야 하는 우리네 삶이기에 이 글을 읽어주는 독자들에게 조금이라도 도움이 될 수 있다면 더 없는 기쁨이겠다.

　이 소 책자가 나오도록 물심양면으로 도와주신 한림출판사 사장님과 직원 여러분의 노고에 감사를 드린다.

2015년을 넘는 문턱에서
도림 홍성주 합장

차례

시인의 말　7

제1부　좋은 생각

나의 길을 찾아　16
새로운 길　17
추억의 거리　18
어느 마을에서　20
지상은 살만한 곳　21
어디로 가는가　22
도(道)를 묻는 이에게　24
아뿔사　26
어린이의 핸드폰　28
2009년 장마철에　30
좋은 생각　32
복돈　33
자신의 존재　34
목소리　37
축시　38
시간 속에서　40
넘치는 세상　42

말없는 이정표 43
산방에서의 행복 44
최고는 하나 46

제2부 시간은 술래

시간과 공간 50
성인 오락실 52
사는 맛 54
꼬막 잔치 56
봄바람 58
시간은 술래 59
삶의 선택 60
선택은 필요 62
백 세 장수촌 63
이명(耳鳴) 64
백합꽃을 보면서 66
산책길 68
어머님 기일(忌日) 70
신계림 주유소에서 72
도(道) 75
음악 감상 76
임방울국악제 78

째즈 선율　80
분꽃　82
잊었지만　83
제15회 문학인 교류대회　84
삶의 궤적　86
찾아가는 길　88

제3부 **세월가면**

봄비 내리는 거리　90
겨울 비·1　92
겨울 비·2　94
명사십리　95
눈 내리는 밤에　96
어떤 풍경　98
보고 싶은 얼굴　99
가버린 사람　100
가을 햇살　102
가을에　103
2013년 가을　104
꿈　105
어떤 모습들　106
어떤 미소　108

첫사랑 109
4월의 어느 까페 110
세월 가면 111
그녀 생각 112
오가는 사람들 114
마음의 상처 116

제4부 **알아야 할 것들**

선거의 마술 118
참나무를 보면서 120
가을날 121
자두 생각 122
아파트단지의 비둘기 123
日常 124
첫눈 126
찾아가는 문학기행 128
잡초 131
종합병원 132
문전성시 134
천국의 초상화 136
하늘에서 듣는 팝송 137
추상화 타일 138

만남 139
콜라텍 소묘 140
수원역에서 141
소음 공해 142
알맹이 143
2015년 팔월 144
귀가(歸家)의 변(辯) 145
웬수와의 동거 146
알아야 할 것들 148

제5부 **허구의 진실**

고층 아파트에서 152
갈잎에 누워 154
이별·2 155
안개 156
반백 157
허구의 진실 158
영화 천년학 세트장에서 159
순창의 아미산 160
장흥 사인정(舍人亭)에서 162
커피 문화 163
처제의 영정 앞에 166

인생의 정답　168
유서를 쓴다면　169
기(氣)　170
고향을 그리며　171
임금님 사진　172
설악산에서　173
연어의 꿈　176
그리움 · 2　177
간판　178
지금은　180
안경　181
숙명　182
어버이 생각　184

제6부 수수께끼의 캄보디아

수수께끼의 캄보디아　186

제1부 좋은 생각

나의 길을 찾아 | 새로운 길 | 추억의 거리 | 어느 마을에서 | 지상은 살 만한 곳 | 어디로 가는가 | 도(道)를 묻는 이에게 | 아뿔사 | 어린이의 핸드폰 | 2009년 장마철에 | 좋은 생각 | 복돈 | 자신의 존재 | 목소리 | 축시 | 시간 속에서 | 넘치는 세상 | 말없는 이정표 | 산방에서의 행복 | 최고는 하나 |

나의 길을 찾아

오늘 하루를 어떻게 살까
하루하루가 모여 1년이 되고
1년이 지나 한평생 되는 세월
하루는 한평생에 이어지는 고리
하루는 내 인생의 모든 것인 것을

오늘 하루 즐거운 시간되기를
누구나 바라는 마음일레
끝없이 찾고 찾아보지만
보고 배운 대로 따라 살고
주어진 대로 살아가는 일상

무엇이 참되고
행복이 무엇인지
알지 못한 우리들
더불어 살며
서로서로에게 도움되는 삶이
나의 길이기를.

새로운 길

잊혀진 옛길
둘레길로 복원하여
길은 길로 통하게 한다지만
눈에 보이는 길만이 길이 아닌 것을

가고 싶어도 못가는 길이 있고
가지 말아야 할 길도 있나니
소통의 길이 막혀
곳곳에 도사린 분노

길은 많아도 갈길 모르는
너와 나 머무를 수밖에
새로운 길이라도 만들어
이정표를 세워 본다면.

추억의 거리

광주광역시 계림동 구시청 자리
아니 옛날 경양방죽 자리
아니 지금의 홈플러스 주변 골목
각종 벽화와 함께한 옛날 사진 몇 장

늙은이의 가슴에 묻혀진 추억들
경양방죽의 보트놀이
태봉 들의 황금 벌판
베이비 골프장도 있었는데……

반 세기도 안 되어 시멘트 건물과 아스팔트로
변했고
자동차 경적과 도시 소음 속에
모두가 변해버린 도시 공간
언제인가는 또다시 없어질 텐데

모든 것을 새롭게 만들어내고
모든 것을 흔적도 없이 앗아가는
시간은 마술사

태어나면 죽는다는 것을 아는 것
그것이 깨달음이라는데

내일을 생각게 하는 추억의 거리
하루하루가 즐거우면 평생이 즐거웁기에
오늘 하루도 즐거웁기를
혼자가 아닌 우리 함께.

어느 마을에서

어디로 갔을까
정다웠던 이웃들
낯선 나그네
추억만 더듬고

짙은 풀 향기
기억 저 편에 머무는데
빛바랜 광고만이
빈 집 담장을 지키고

집 나온 저 강아지
공중도덕을 알 리 있으리
흰 구름에 머무는
나그네 마음.

지상은 살만한 곳

새싹들의 경연장으로 만든
따스한 햇빛
촉촉한 봄비

뿌리 내릴 수 없을 것 같은 바위 틈
무수히 짓밟혀버린 길바닥
기와 지붕 위에 자라난 잡초
아스팔트를 뚫는 생명력

봄이 주는 선물
생명에의 외경심(畏敬心)
지상은 살만한 곳이기에
꽃은 또다시 피어나고

어디로 가는가

도시의 길거리
많은 사람들이 간다
목적지가 어디이고
무엇하러 가는지는 몰라도

모양도 가지가지
긴 머리 소녀가 가고
흰 머리 할아버지도 지나가고
여행 가방을 끌고가는 외국인과
가방이 걸어가는 듯한 유치원생

팬티를 입고 가는 듯한 아가씨와
보기에도 거추장스런 옷을 걸치고 가는 여인네
어울리지도 않는 안경을 걸친 아주머니
샌드위치맨 같은 아저씨
핸드백에 양산 쓰고 물건까지 들고 가는가 하면
어린애 손목잡고 가는 젊은 엄마
꾸부정한 몸을 끌고 가는 노인네

걸음걸이도 제각각
옷차림도 제각각
가는 곳도 제각각이겠지만
가고 있다는 사실은
현실이고 이승이고
우리의 삶의 모습
오늘도 끝없이 이어지는
삶의 발자국들.

―순창문학 15호(2010) 게재

도(道)를 묻는 이에게

도통(道通)을 꿈꾼다
왜일까
길은 길로 통하게 되어 있는데

어리석다
그러기에 꿈을 꾸겠지
길을 모르기에

사방에 뻗혀 있는 길이다
이미 도는 통해 있다
보지 못할 뿐

답답함의 극치
도통하겠다고 발버둥치는 짓거리
보이는 모든 것
길이 아니던가

만들어진 길
따라 가던가

새로운 길
만들어 가던가
모르면 물어 가던가.

−2013. 07. 11

아뿔사

송아지를 찾는
어미소의 울음
음메
음메에…

밤새도록 이어지는
통곡
아니 절규를 듣는다

태어나 처음 듣는 목이 쉰 소 울음
엄마소를 보지 못하는
옆 칸의 송아지도
밤새워 울어대고

함흥차사로 유명한
태조의 마음을 움직였다는
송아지 울음소리

송아지와 엄마소의 합창
듣는 이의 가슴을 쥐어짜고
뜬눈으로 지새운 여름 밤

불가(佛家)에서는
소 울음소리를 들어야 깨친다는데
이제 나도 깨친 것일까
아뿔사!

어린이의 핸드폰

우리 사는 세상
너무 편하고
좋은가 보다

언제
어디서나
핸드폰 하나면
통화할 수 있고
인터넷도 할 수 있으니

마주 앉지 않아도
목소리 들을 수 있고
화상 전화라면
얼굴도 볼 수 있고

산골에서도
도심에서도
일하다가도
심지어 운전하면서도
통화는 계속되고

웃는 것은 통신사
속으로 울고 있는 철없는 아이 아빠

좋은 세상인지
나쁜 세상인지
헷갈리는 요즈음 세상사.

—2013. 07. 06

2009년 장마철에

그칠 줄 모르고 내리는 장마 비
바람도 분다
보이지 않는 손이 나무를 흔든다
나라도 흔들리고 있다

방송법으로 얼룩진 국회
노조사태로 기로에 선 쌍용자동차
조직적으로 금품을 뜯어온 경찰
장마는 언제 그칠까

나무는 가만히 있어도
비에 젖고 바람에 흔들리고
그러면서 자라는 것이리라
보이지 않게

생각이 생각으로만 남는다면
이루어지는 것은 없나니
행동하지 않는 양심
죽은 거나 같다고 외치시던 선생님도 가시고

아무도 대신해 주지 않는 현실
누가 누구를 위하여 행동 하는가
우리 모두의 일이요 책임인데.

좋은 생각

이 세상 모든 것
생각에서 생각으로 이어지고
생각에 따라 엄청난 차이도 생기고
생각은 어쩌면 우리 삶의 모든 것이지만
생각대로 되지 않는 이 세상

남이 보기에 불행한 것 같지만
본인은 행복하다는 삶도 있고
정반대의 삶도 있지만
모두가 생각 때문일러니
생각 하나에 행불행이 갈리는 삶

좋은 생각이 좋은 일을 만들고
좋은 일이 좋은 세상 만들기에
우리 모두 좋은 생각으로
더불어 즐거운 삶을 살아가야 겠지요
서로 서로에게 도움을 줄 수 있는.

복돈

일요일 아침이면 주유소를 찾는 75세의 할머니
작은 키에 허리까지 굽어 코가 땅에 닿을 지경
모아진 각종 폐품을 리어커에 싣고
밀고 가는 것이 신기로울 정도

년 초에 주유소 직원들에게
만 원짜리 한 장씩을 나누어 주면서
내 돈은 복 돈이니 받아 두란다
마지못해 받아든 직원들
고맙고 송구한 마음 친절로 이어지고

폐품 팔아 모은 돈
복돈으로 쓰는 마음
복되고 복되어 널리 널리 퍼져 가면
살맛나는 세상이 아니런가
정치판은 아직도 검은 돈이 오가는데.

—순창문학 15호(2010)에 게재

자신의 존재

오늘도 하루가 시작된다
날마다 이어지는 반복의 생활
내 삶의 역사를 만든다
어떠한 결과가 만들어질런지도 모르면서

태어나면서부터 배웠다
지금도 배우고 있다
70이 넘은 이날까지 학생 기분이다
죽을 때까지 이 기분일 것 같다

하루를 지내고 보면 남는 게 없다
1년이 가고 10년이 가도
아니 이때까지 살면서 남는 게 없다
그래서 인생을 허무하다고 했을까

보람된 삶을 살기 원하고
행복한 삶을 살기 원하고
즐거운 삶을 살기 원하고
하고싶은 것이 많은 우리네 인생

어떻게 사는 것이 우리가 원하는 삶일까
하루하루를 즐거운 마음으로
옆 사람과 가족과 이웃에게
베풀 수 있는 만큼 베풀며 살아보자
대신 살아주지 않는 것이 내 삶이고
다시 살 수 없는 것이 인생이기에
오늘 하루가 중요한 것이고
하루하루가 모여 나의 일생이 되는 것

오늘 하루를 어떻게 살 것인가
무씨를 뿌리고 잡초를 뽑고
더우면 개울에서 목욕하고
산방의 하루가 무심히 지나갈 것이다

누구나 나름대로 자기의 일을 하고
최선을 다한 하루를 살 것이고
사람마다 자신의 인생사를 만든다
개인의 역사는 인류의 역사를 만들고

나는 지금 역사를 만들고 있다
무심히 사는 하루이지만
내 삶의 역사를 만들고 인류사를 만든다
엄청난 존재의 자신을 발견한다.

목소리

누구는
아름다운 목소리로
즐거운 노래를 들려주고

누구는
성난 목소리로
듣는 이에게 괴로움을 안겨주고

누구는
정다운 목소리로
이웃에게 행복을 나누어 주는데

화와 복의 양면성을 갖는
소리 소리 내 목소리
듣는 이에게
무엇을 남겼을까.

―순창문학 13호(2008)에 게재

축시

2013년 5월 25일
전남 나주시 노안면 오정리 558번지에
백산 최병춘 갤러리가 개관 되는 날
새로운 역사의 한 페이지를 장식 하였나니

여기에 모인 우리들
이 갤러리가 얼마나 값진 것인가를
수많은 세월이 흐른 뒤
證人이였음을 자랑스러워 하리

싹 틀 때는 보일 듯 말 듯하던 나무도
해가 거듭되면 아름드리나무 되듯
시작은 미미하여도
결과는 성대하리라는 성경 구절을 믿나니
새벽을 열고 떠났던 발걸음은
물안개 피어나듯 아련한 추억을 남기고
험한 산길 낯설은 길목에서
수없이 잡고자 한 순간들

전시된 작품 하나하나에 새겨진 사연
모두를 알지 못하지만
찰나를 영원으로 이어준 각고의 흔적은
보는 이의 가슴 속에 새겨질 것이고

다정다감했던 평소의 모습을
작품마다에서 다시 보면서
이 모든 것을 손수 준비한 것은
모두에게 보이고자 한 그대의 마음일러니

사랑하는 아내와 아들들
뜻모아 오늘을 준비하였기에
아이월드의 앵글이 잡은 순간들을
영원으로 이어지게 할 것이고

그대 가고 없음을 더욱 아쉬어 하지만
다시 태어난 백산 최병춘
이곳은 새로운 창조의 산실일러니
역사는 이렇게 만들어 진다오.

시간 속에서

꿈과 희망
좌절과 절망의 사이
극과 극의 대치 속에
시간을 실어 보내고

어느 두메산골
사방을 둘러보아도
지붕하나 보이지 않는 곳
무엇을 얻고자
아니 남기고자
시간과의 싸움을 하는가

삶은
어차피 시간 따먹기
주어진 시간이
일생이라면
영원의 시간을 얻기 위해
그리도 몸부림쳐 왔던
우리들의 자화상

너는 무엇을 보았고
나는 무엇을 보았을까
얻었을까
시간은 쉬지 않고 흘러가는데.

—문학춘추 2010년 봄호에 게재

넘치는 세상

모두가 넘친다
물건이
마음이

세금고지서만이 고지서인 줄 알았는데
각종 청첩장도 고지서란다
역시 넘치는 고지서

쌓이고
고이고
썩을 수밖에

가정이 무너지고
사회가 병들고
나라가 어지럽다

줄여 보자
정보(情報)를
물건들을
쓸데없는 마음을.

—2013. 07. 10.

말없는 이정표

셀 수 없이 지나가지만
잡을 수 없는 마음
아쉬워하지도 못하고

나그네인 우리들
어디인가로 인도하는
봉사정신의 표시등
내 삶의 또 다른 모습.

산방에서의 행복

전기가 들어오지 않는
사방 십리 안에는 인가도 없는 산방에서
얻고자 하는 것
그것은 마음의 평화다

아무런 간섭이 없는 자신만의 세계
일을 하든
책을 보든
잠을 자든
음악을 듣던
모든 것이 내 자유다

누구의 간섭도 받지 않는 생활
이것이 가장 큰 행복이 아닐까

돈도 명예도 필요 없는 삶
건강하고 세끼 굶지 않고
춥거나 덥지 않는 공간에서
내 마음대로 사는 삶

이것이 행복이요, 나의 소망이다
남을 괴롭히거나 해치지 않는 범위 안에서

나아가
남을 돕는 삶이 가장 보람된 삶일러니.

—2009년 순창문학 14호에 게재

최고는 하나

최고를 향한 몸부림
누구나 최고가 되고 싶어 하지만
쉽게 될 수 없고
경쟁과
피나는 노력의 결정체
영광과 찬사가 뒤따르는
둘일 수 없는 자리

오늘도
최고를 향한 몸짓은 계속되고
반복의 결과
어느 사이 최고에 다다르는
평범한 진리를 따라
세상은 끝없이 몸부림치는데

어느 때나 경쟁은 있었고
어느 곳에나 경쟁은 있기 마련
최고를 향한 열정이 있었기에
모든 분야가 발전하고
사람들은 즐거웠으리

최고가 되지 못한 슬픈 사람들 속에
최고보다 더한 사연들 쌓여 있나니
고독이 함께하는 최고의 자리
어느 분야에서나 하나뿐인데.

―순창문학 14호 2009년에 게재

제2부 시간은 술래

시간과 공간 | 성인 오락실 | 사는 맛 | 꼬막 잔치 | 봄바람 | 시간은 술래 | 삶의 선택 | 선택은 필요 | 백 세 장수촌 | 이명(耳鳴) | 백합꽃을 보면서 | 산책길 | 어머님 기일 | 신계림 주유소에서 | 도(道) | 음악 감상 | 임방울국악제 | 째즈 선율 | 분꽃 | 잊었지만 | 제15회 문학인 교류대회 | 삶의 궤적 | 찾아가는 길

시간과 공간

시간과 공간속에 머무는
인간의 존재
그것이 삶이겠지만
시공을 넘어서면
알 수 없는 곳
이곳과 그곳의 차이
시간과 공간일러니

어제의 나는
오늘의 나이면서
내일의 나일 테지만
어제의 나는
어제의 나일뿐이고
오늘의 나는
오직 지금의 나일뿐인데
어찌 똑같은 나란 말인가
지금의 나는 오직 나일뿐
어제의 나도

내일의 나도 아니라오
시간과 공간은 영원하겠지만
이 자리는 순간이기에.

―2012. 02. 23

성인 오락실

말 못하는 기계이지만
소리가 나오고
그림이 왔다 갔다 하고
화면을 응시하는 모습들
오락이라기보다 투기
몇 푼이라도 따 보겠다는
남녀노소의 표정들

대부분 가진 돈을 털리고
허탈한 모습으로
무거운 발걸음을 돌리는데
다시는 안 찾겠다는
자신과의 약속을 깨고
다시 찾게되는 성인 오락실

서민을 울리는 사회악(?)이기에
한때 허가가 중지 되었었는데
어찌하여 또다시 범람할까
낚시하듯

동전을 투입하고
대어를 기다리 듯
쨱팟이 터지기를
기다리고 기다리지만
마감시간까지
나오라는 쨱팟은 안 나오고

기다리다 지쳐버린
저들의 모습
찌든 삶의 단면
우리들의 자화상
우리 서민의 몰골인 것을.

사는 맛

남자와 여자
어른과 어린아이
내국인과 외국인
모두가 어우러져 사나니
희노애락(喜老愛樂)은 삶의 궤적(軌跡)

오가는 발걸음
주고받는 목소리
마주보는 눈길
모두가 살아 있음일러니
죽어지면
잊혀지는 것을

하늘의 구름도
땅위의 잡초도
흘러가는 세월 속에
새롭게 각인(刻印)되는 나날들
삶은 정녕 즐거워야 하나니

하루하루가 즐거우면
평생이 즐거운 것을
우리 함께 깨달을 때
살맛나는 세상 이리
더불어 사는 세상 멋지게 살고지고.

꼬막 잔치

오늘은 12월 10일
인간의 존엄성과 자유 평등을 선언한
세계인권선언기념일이자
광고 10회 정기모임일
무자년을 마감하면서
꼬막 잔치를 한다

어렸을 때
설날에 세배 다니면서
맛있게 먹었던 꼬막
세배풍습은 없어져 버렸고
옛날이 그리워
꼬막 잔치를 한다

동안(童顔)으로 뛰놀던 우리
기약없이
땅으로 돌아갈 날을
기다리면서
이러한 꼬막 잔치를 할 수 있음이

얼마나 큰 기쁨인가를
가슴에 새기고 싶은 오늘

오고 싶어도 오지 못한 벗들과
일찍 땅으로 간 벗들에게
아쉬운 마음 전해보세
되풀이 되는 꼬막 잔치
명년에도 모두 모여
더욱 더
즐거운 시간 만들 수 있기를.

봄바람

바람이 분다
잠든 대지를 깨우는
봄바람이

가슴에 쌓인
말 못할 사연들
바람처럼 스러졌으면
생각 뿐

예고도 없이 찾아와
머무르지 않는 속성은
꿈을 닮았고

잡히지 않으면서도
변화를 가져다주는
마지막 희망
우리도 이제 깨어나 볼까.

시간은 술래

삶은
시간과의 술래잡기
오늘도
주어진 시간을 찾아
끝없이 방황하는 사람 사람들

시간은
인간이 생각하는 개념일 뿐
그저
존재하는 보이지 않는 그 무엇
끝없이
이어지는 짓거리의 잔해들

젊은이는
꿈을 안고 살아가고
노인은
추억을 안고 살아가고
시간은
노인으로 변해버린 젊은이와 함께 사라져 가고.

삶의 선택

줄을 잘 서야 되고
선택을 잘 해야된다고
우리는 지금
어떠한 줄에 서 있는가

진보와 보수
전진과 후퇴
이익과 손해의 갈림길일 때
우리는 어떠한 선택을 하는가

2분법적인 해석과
아집만 존재하는 현실
중용(中庸)은 없는가

하나 더하기 하나는
둘만이 아닌 하나일 수도 있고
셋도 될 수 있다는 사실을
주역이나 컴퓨터에서만 생각지 말고
우리 이웃에서 찾고 만들어 보기를

선택된 삶 속에서
값진 삶을 살기위한 몸부림
그것은 우리들의 선택
너와 나와 모두를 위하는 길
그것이 삶의 선택인 것을.

선택은 필요

당신의 생각과
다른 사람들의 생각
앞에서 보는 것과
뒤에서 보는 것과의 차이
관점의 차이인 것을

생각이 다르면
행동도 달라지고
세상은 그렇게 어우러지는데
누가 바르고 누가 그른 것일까
착각일 수 있는 참(바름)

선택은 자유가 아닌 필요
최선을 향한 나름대로의 짓거리
서로에게 보탬이 되는 삶을 위한
우리들의 약속
약속은 혼자하는 것이 아니기에.

백 세 장수촌

정성을 담은 간장 맛
음식을 감칠맛 나게하고
살 맛 나는 세상 만드나니
장수의 고장은 장류덕분

조상의 슬기 오늘에 되살린
순창의 장류 축제 뿌리 찾은 전통
세계에 빛나 영원하리니
장하다 순창 백 세 장수촌.

이명(耳鳴)

시끄럽다
무슨 소리인지도 모르겠고
자꾸만 들린다
눈을 뜨고 있을 때

일종의 병(病)
대부분의 사람들이 갖는 병
생명에는 지장 없고
심하면 병원 행(行)

쇠약하면 더 한단다
나도 약해졌나 보다
요즈음 심하니까
신경을 안 쓰는 것이
최고의 명약

때로는 듣고 싶기도 한
듣기 싫은 이명(耳鳴)
오케스트라인지

매미 소리인지
아니 이 가을의 귀뚜라미 소리인지

집착하면 더 심하고
모른 척하면 안 들리고
점점 크게 들리는
달갑잖은 이명
안 듣고 사는 방법
찾을 수 없음이여

가을은 깊어 가는데.

―순창문학 15집 2010년에 게재

백합꽃을 보면서

다년초이면서
일 년에
한 번씩 피어나는 백합

이른 봄
어느 꽃에 뒤질세라
일찍 돋아나
낮이 제일 길다는
하지를 전후하여
짙은 향기와 함께
아름답게 피어나는 모습
정녕 화려한 여인의 모습이어라

화무십일홍이라고
이내 시든 모습
참으로 추하고 추해
화려했던 젊은 날의
여인의 마지막을 보는 것 같아
보기 민망스럽기만 한데

더욱이
오늘처럼 장마비가 내리는 날에
보는 네 모습
영욕을 함께한 여자의 일생을 보는 것 같나니.

—2003. 06. 23.

산책길

가족과 함께 걷기도 하고
노부부가 함께 걷기도 하고
개를 데리고 오기도 하고
배낭을 메고 오르기도 하고
이어폰을 꽂고 말없이 오르기도 하고

남자 혼자 걷기도 하고
젊은 남녀가 가기도 하고
여자 혼자 가기도 하고

옷차림과 신발과 동행자
연령층은 물론
인종까지 가지각색
도시 주변 야산에서도
세상의 모든 것을 보는 세상

그들의 생각도 다 다를 것이고
느낌도 다를 것이고
도대체 같은 것은 무엇일까

산책한다는 것

다르면 어떻고
같으면 무엇하랴
경쟁도 뽑는 것도 아닌 일상인데
즐거운 삶이라고 생각하기를

오늘도 걷는 산책길
어떤 사람들을 만나고
무엇들을 보게 될까
날마다 새로운
즐거움의 산책길.

—2013. 09. 01

어머님 기일(忌日)

오형제의 막내로 태어난 때문일까
어머님으로부터
꾸중을 들은 기억이 별로 없다
꾸중을 하실 때
정색을 하시고서
엄하게 하셨던 기억만 남았는데

오 형제를 키우면서
일제 치하에서 새벽밥을 지어
고등교육을 시키셨던 어머님
아버님으로부터
딸 하나도 낳지 못한 병신이라고
놀림을 받으시며 사셨지만
6.25 때 큰아들 둘째아들
모두를 잃은 슬픔을
통한으로 남겨둔 채
이제 돌아올 수 없는 길을 가신지도
벌써 20년을 넘은 오늘
어머님을 그리워하는 것은

신경질적으로 어린이들을 꾸중하는
수많은 젊은 어머님들 때문일까

어떠한 어려움도
밖으로 나타내지 않으시고
묵묵히 할 일만 하시던 모습은
거짓만이 난무하는 세태를 보면서
이제와 더욱 가슴 저미게 하나니

"참" 이셨던 어머님
스물두 번째 기일을 맞은 오늘
혼자 남은 막내가
외로움 씹어 삼키면서
편히 잠드시기를 비옵나니
지하에서나마
남아있는 모든 이들(가정과 사회 위정자들 모두)
참되게 살게해 주시옵소서.

―2009. 01. 09

신계림 주유소에서

2006. 12. 24일 저녁부터
2010. 12. 26일 아침까지
만 4년 동안
눈이 오나 비가 오나 바람이 부나
한 달에 두 번 빼고 근무했다

2007년 중국을 거쳐 백두산을 올랐고
2010년 일본 규수를 다녀왔으며
제주도 한라산과
한국의 기상이 발원된다는 지리산도 올라 봤다.

영암의 왕인 축제와
무안의 나비 축제
담양의 대나무 축제
영광의 단오 축제
곡성의 목화 축제
순창의 고추장 축제 등
각 지역의 축제를 구경했고

문학춘추 등단과
순창문협, 광주문협 회원과
문학춘추작가회도 가입하였으며
2권의 시집도 출판하였다

산에는 원두막 같은
간이 휴게소(?)도 만들었으니
스스로 보람으로 생각해 두자

떠나는 아침
눈이 내린다
그간의 잘못이나
기억하고 싶지 않은 일들을
덮어두고 가라는 듯
세상을 은빛으로 덮고 있다

소리 없이 내리는 눈길을 따라
소리 없이 떠나고 싶다
울면서 태어난 삶이
소리 없이 사라져 가듯

이곳 생활 4년
내 삶의 발자국으로 남겠지만
시간이 흐르면 지워지는 발자국처럼
흐르는 시간 속에서 지워져 가리니
굳이 기억하고자 할 것도 없고
잊고자 할일도 없지 않을까

그저 일상의 날들이었고
대과 없이 지낸 세월이
내 삶의 편린들이였을 테니까.

도(道)

태어나면 죽음에 이르고
만들어진 모든 것
언제인가는 사라지 듯
만남은 이별을 잉태하나니

너무도 당연한 일
그것이 바로
도(道)인 것을
알지 못한
수많은 사람들
아니
알면서 모른 채하고
도(道)는 삶인 것을.

음악 감상

메말라버린
우리네 가슴 속에
그리움을
아니
서러움 같은 것을
심어주는 것들

하나의 멜로디
—가야금 소리—
소리에 마음을 싣고
우리가 가는 곳은 어디일까

알 수 없는 곳
모든 것을 잊어버리고
아니
버리고
찾아가는 그곳
알 수는 없지만
무한히

평화스럽고
조용한 세상이 아닐까
그곳을 찾아가는 오늘
너무도 고마운
오늘 일 것만 같다

사랑하는 사람아
우리
함께 가보자꾸나
내 사랑 숙(淑)아

임방울국악제

판소리
지금의 원맨쇼다
혼자서 모두를 다 한다
목소리와
손짓 몸짓만으로
소리의 길고 짧음과
높고 낮음
표현할 수 있는 갖가지 방법으로
듣는 이의 심금을 울리는 판소리
참으로 한국적인 세계의 자랑거리

박동진 선생께서
전 세계를 돌며
서양인들을 매료시켰던 판소리
임방울 명창의 국악제에서
우리 것을 새롭게 발견하나니
"우리 것은 좋은 것이여"
새삼 생각나는 것을

사라져 가는 문화유산
오늘에 되살리는 몸짓
참으로 다행스럽고
수상자 모두 대견스럽고
이를 보는 우리들 마음 뿌듯하고

면면히 이어갈 축제의 마당
삶의 흔적이나니
이를 위해
보이지 않는 곳에서
오늘도 쉬지 않고 정진하는 사람들
국악계의 선구자일러니
모두에게 영광 있기를.

―돌탑을 쌓아가는 사람들(문학춘추작가회 2011년 16집 게재)

째즈(Jazz) 선율

음악의 원조(元祖)라는 째즈
국악과 일맥상통하는 것은
만국 공통어라고 하는 음악이기 때문

아메리칸 코너에서 보는 째즈 영화
화면과 조화를 이루는
음악영화의 멋
불협화음과 같은 화음의 조화
각기 다른 악기와 음색들인데
또 하나의 세계를 보게되고

삶의 승화된 단면이기에
예술의 값진 가치로 다가오고
태어나면서부터
몸에 배어버린 자유
그 속에 피어나는 문화이기에
더욱 자유분방(奔放)하리

자유는 예술의 어머니요
창조의 밑바탕
이를 얻기 위한 시대의 질곡(桎梏) 속에
역사는 이루어졌고
낭만이 함께하기에
우리는 오늘도 자유를 찾나니

째즈는 자유다
서로 다른 악기의 자유가
하나의 자유와 만나는
우리네 삶의 모습
째즈는 삶이요 멋진 낭만.

분꽃

밤이면 피어나는 꽃
진한 향기와
자주색 꽃빛은
밤거리의 여인일레

어두워야 더욱 빛나고
어두워야 더욱 아름답고
어두워야 더욱 향기롭나니

너를 보는 사내 마음
설레임이 앞서는데
무심히 스치는 바람
꽃내음 훔쳐 가면
이 밤도 지나가고.

잊었지만

불현듯 생각나는
보고 싶은 얼굴
생사조차 알 수 없고
어디에 사는지도 모르면서

지나간 세월 속에
묻혀버린 모습
가을이 주는 상념일까
잊고 살아온 나날들

무작정 찾아 나선다고
후회 없는 삶이 되지도 않고
만날 수 없는 아쉬움은
가을 하늘의 흰 구름

살아온 삶의 궤적
언제인가 사라질 것이고
끝없이 흐르는 시간 속에
원점에서 맴도는 생각들.

제15회 문학인 교류대회

전국에서 모인 문인들
기라성 같은
남녀노소
낯익기도 하고
설기도한 모습들

끼리끼리 소란스럽고
그런대로 음악이 흐르고
공연도 이어지고
문학인들의 축제

끝나면 찾아오는
자신만의 시간과 공간
썰물이 빠지듯
텅 비어버린

남는 것이 없어도 남는
무형의 잔해들
밑거름 되어 자라
거목이 되는 이치일러니

거듭되는 행사
역사되어 쌓이나니
내일을 향한 손짓
문인들의 꿈 이루어지길.

삶의 궤적

태어나면 죽게되고
만나면 헤어지나니
기쁨과 슬픔은
어디에서 왔다 가는가

보이지 않는 정(情)때문에
속아 사는 삶인데
갈 곳도 모르면서
헤매이는 나그네

스스로 만든 굴레 속에서
벗어나고자 몸부림치고
주어진 시간이
얼마인줄도 모르면서
얻고자 한 것
무엇이였을까
지나간 그림자처럼
흔적이 남았을까

여기 있는 우리
아직 숨쉬고 있나니
삶의 궤적은
하나의 역사가 되고.

찾아가는 길

할일이 많다
사람마다
살아야 하니까
값이 문제가 아니다

다양하다
보고 듣고 느끼고
표현도 마찬가지
정답 없는 삶인데

묻지 말자
왜냐고
시간이 해결해 주니까
움직인다는 것은

오늘은 오늘이기에
우리 모두 선택했고
해는 또다시 떠오르고
행복은 가까이 있나니.

제3부 세월 가면

봄비 내리는 거리 | 겨울 비·1 | 겨울 비·2 | 명사십리 | 눈 내리는 밤에 | 어떤 풍경 | 보고 싶은 얼굴 | 가버린 사람 | 가을 햇살 | 가을에 | 2013년 가을 | 꿈 | 어떤 모습들 | 어떤 미소 | 첫사랑 | 4월의 어느 까페 | 세월 가면 | 그녀 생각 | 오가는 사람들 | 마음의 상처

봄비 내리는 거리

창문 너머 길 건너 건물
2, 3층은 학원 간판
1층에는 마트 간판
옆에 로또의
1등 현수막이 펄럭이고

소리 없이 내리는 봄비
유리알 같은 아스팔트 길
사진인양 정지되어 있는
가로수 그림자
그 위를 자동차들만이
질주에 질주를 한다
무엇이 그리 바쁘고
갈 곳이 어디인지도 모르는
현대의 괴물들

각종 소음과
거리를 누비는 패션(Fashion)
무심(無心) 속에

시간은 흐르고
비 그치면
가로수 잎은 피어나겠지.

―2008. 03. 23

겨울 비 · 1

비가 내린다
눈송이가 아닌
빗방울이 떨어진다
소, 대한의 이 겨울에
봄비처럼 비가 내린다

서울을 비롯한
중부지방에는 폭설이 내린다는데
이 곳 광주에는
비가 내린다
하루 종일 비가 내린다

좁다고 한 우리나라에
같은 시간에
눈도 내리고
비도 내리고
좁지 않은 우리나라여라

마음이 좁았던 것일까
좁다고 작다고 생각한 것이
세상은 넓고
너와 내 마음은
한없이 넓은 것을

저 하늘처럼
잡히지 않는 시간처럼…

—2008. 01. 11.(음 12. 04 소한과 대한 사이에서)

겨울 비·2

겨울에
오락가락
비가 내린다

날치기 통과된 예산
예산 누락은 당연지사
정국은 어수선하고
착잡한 연말
병이 될까 두려운 스트레스

바뀌지 않을 날씨
바뀌지 않은 세상사
늘어만 가는 환자
아우성치는 간호사

천당은 만원일 테고
이제
어디로 갈까
지옥에라도 가볼까.

—2010. 12. 13.

명사십리

해송은
바닷바람에 몸을 씻고
모래는
바닷바람에 울음 우는 곳
신지도 명사십리

끝없이
밀려오는 바다의 잔해
한없이
밀려가는 낭만의 밀어
완도의 신지도

흰 구름
그림자 감추기 바쁘고
갈매기 흔적도 찾기 힘드는데
한가로운 조각배 하나.

눈 내리는 밤에

가로등 불빛 속에
춤추는 네 모습
자유는 행복이겠지만
소리 없는 아우성

어지럽게 흩날리는
송이 송이 눈송이
오르내리며
하얗게 쌓여가는
추억의 잔해들

눈부신 햇빛이 싫어
이 밤을 택하였고
달빛 속에
아름다움 더해지니
영원에의 향수만 남는데

네 모습 사라지면
추억도 사라지고

보이는 모든 것
언제인가는 사라지려니
남는 것 무엇이런가.

―문학춘추 2010년 봄호에 게재

어떤 풍경

수묵화 같은 풍경은
가슴 저미게 하는
그리움 같은
어떤 향수(鄕愁)

추억이기에 앞서
끝없이 밀려오는
어떤 고독(孤獨)

물안개 같은
보일 듯 사라지는
어떤 회한(悔恨)

문득 보고픈 얼굴
못 다한 말들이
구름 따라 흐른다.

—2009년 순창문학 14호에 게재

보고 싶은 얼굴

소리 없이 비가 내린다
우수가 지난
계절의 문턱에서
목마른 대지를 적시는 봄비

보이지 않고 잊혀진 사람
문득 생각게 하고
그리움으로 피어났다가
영원 속으로 묻혀져 가는
마음의 발자국
따르다 보면
어느 사이 방랑자 되고

수없는 만남과 이별
아쉬움만이
낙엽 되어 뒹굴고

언제인가는
봄비처럼
소리 없이 사라져 갈
너와 내가 아니런가.

가버린 사람

그리운 얼굴
낙엽처럼
하나 둘 사라져 가고
나 또한
머지않아 사라지리니

보고싶어도
볼 수 없고
그리움만 쌓이는
뒤안길에
남겨진 것은

산다는 것
많고 많은
사연과 생각 속에
하나 같이
죽음으로 가는 짓거리

오늘은
영원한 오늘일 뿐
우리들만의 시간은
어디에 있어야 할까

―2008. 02. 25.

가을 햇살

매미 소리 시끄럽고
메밀 잠자리
허공을 헤엄치는
산방의 오후

비에 씻긴
초가을 햇살
네 모습처럼
너무도 아름다워

문득 생각나지만
생사조차 모르기에
더욱 그리워
아쉬움만이 밀물되고

세월 가면 잊혀지고
사라져 가는 모든 것들
떠나가면 그 뿐
마음만 남긴 가을 햇살.

가을에

너무도 깊은
호수의 가을 하늘

너무도 맑은
산골
개울물

너무도 아름다운
길가의 코스모스

깊고 맑은 아름다운
마음이였으면
이 가을처럼.

2013년 가을

파아란 가을 하늘
보일까 말까
높이 날던 물찬 제비
먼 길을 떠나기 위한
그들만의 몸짓

2013년 이 가을에
보이지 않는다
제비만이 아니라
고추잠자리도 안 보인다
꿀벌도 안 보이고

그립다
전기 줄에 나란히 앉아
끝없이 조잘대며
봄이면 처마 밑에 집짓고
가을이면 창공을 나르던 제비가.

꿈

꿈을 찾아
꿈속을 헤매는
꿈같은 삶

꿈은 이루어진다는데
꿈이 꿈으로 끝나는 현실
꿈이 없었다면
꿈같은 삶은 아니였으니
꿈이 없다면 죽은 인생인 것을

꿈을 먹고 사는
꿈 많은 소년이
꿈속을 헤매다
꿈속으로 사라져 버리면
꿈은 어디에 있을까

꿈속
아니면
꿈같은 이 자리.

―2006년 순창문학 11호 게재

어떤 모습들

누군가를
무엇인가를
기다리는 것
고독과 행복일레
오늘도 기다리는 모습 모습들

잡힐 듯
잡히지 않는
찌를 응시하는 낚시꾼처럼
예시를 기다리다 지쳐버린 동공에
어렴풋이 비치는 별빛

몇 번인가를 놓쳐버리고
실수했다는
놓쳤다는 아쉬움은
시간이 흐를 수록
초조와 긴장으로 쌓여가고

기다림은 자신과의 싸움

슬픔 아니면 기쁨을 주는
되풀이 되는 짓거리
삶의 궤적
오늘은 벌써 어제가 되나니.

어떤 미소

처음 보는 낯선 거리
여행지에서 우연히 스친 얼굴
말 한 마디 안 해 보았는데
봄비 내릴 때마다
선하게 떠오르는 모습

환한 미소는
물 위의 기름처럼 번지는
행복의 전령이요
우리들의 삶인 것을
모른 채 살아온 세월

여행에서 얻게 되는
또 하나의 소득이었으니
그 사람은 몰라도
나를 사로잡은 그 미소
새봄이면 피어나는 내 마음의 꽃.

첫사랑

이미 지나가버린
어떤 모습
흔적으로 남아있는
마음자리

볼 수 없는 모습은
궤적만을 남기고
그림자마저 가져가 버린
빈 자리

실체를 찾아 헤매이는
어리석음
끝없이 이어지는 방황
삶의 본질일러니.

4월의 어느 까페

앙상한 가지에 새순이 돋아나는 은행
아직도 잠을 자는 듯한 느티나무
사시사철 푸르른 소나무

민들레는 벌써 꽃을 피웠고
벚꽃 역시 흐드러져
오가는 옷차림 가벼워
우리네 살림도 그랬으면

밖은 고요한데
소란스러운 까페
조용한 음악이 있는지조차 모르겠고
이를 지켜 보는 화분들

솔잎차 유자차 향기와
은은한 커피향이
코끝을 간지럽히는
4월의 어느 봄날.

세월 가면

사방을 둘러보아도
벌거벗은 민둥산
집집마다 부역으로
리기다 아카시아 오리나무 등을 심었고
반세기가 지난 지금
옛길은 찾을 길 없고
엉클어진 가시덤불에
조상의 묘 찾기도 힘들어졌으니

시냇가에서 물장구 치고
손으로 잡은 물고기
고무신에 담아오던 때가 그립나니
시커멓게 흐르는 물
이 시대의 양심을 보는 것 같고

말없이 자라는 잡초와 나무들
인재(人災)가 없으면
절로 절로 잘자라
푸른 산천 이루어 금수강산 보여주듯
자유는 행복의 지름길인 것을.

그녀 생각

갔다네
그녀가 갔다네
말 한마디 없이
메모 한 장 없이
바람처럼 갔다네

몸과 마음을
오직 한 사람
한 사람에게 바쳤는데
네가 싫다는 말 한마디에
연기처럼 떠났다네

허탈과
허전함의 밀물
떠나보니 알겠네
얼마나 그리운가를
사랑했던가를

가면 그만
돌아오지 않을 그녀가
오늘 따라 더더욱 보고싶은 것은
항상 말이 없었기에
한마디 말을 듣고 싶어.

오가는 사람들

어디로 갈까
저 많은 사람들
어떤 이는 왼쪽으로
어떤 이는 오른쪽으로

둘이 가는가 하면
서너 사람이 함께 가기도 하고
혼자 바삐 가는 이도 있고…
쉴 사이 없이 오간다

두터운 옷을 입고 다니던 엊그제
봄이 실종되어버린 초여름 날씨에
반팔 반바지 차림도 많고
다양한 옷차림으로 오간다

신발도 가지가지
옷차림도 가지가지
어린아이에서부터
거동이 불편한 노인네까지

모습도 제각각
표정도 제각각
그야말로 활동사진이다

무슨 생각을 가지고
무엇 때문에
저렇게 가는 걸까
시도 때도 없이
나는 그저 여기 있을 뿐인데
유리창문 안에.

마음의 상처

마음이 머물면
상처로 남나니
흐르는 대로 남겨두게나

벌써 지난 일
집착하면 남나니
잊어버리게

어루만져 달라고
하지도 말게
새로움이 씻어가니까

마음이 머무는 곳
상처가 있다네.

제4부 알아야 할 것들

선거의 마술 | 참나무를 보면서 | 가을날 | 자두 생각 | 아파트단지의 비둘기 | 日常 | 첫눈 | 찾아가는 문학기행 | 잡초 | 종합병원 | 문전성시 | 천국의 초상화 | 하늘에서 듣는 팝송 | 추상화 타일 | 만남 | 콜라텍 소묘 | 수원역에서 | 소음 공해 | 알맹이 | 2015년 팔월 | 귀가의 변 | 웬수와의 동거 | 알아야 할 것들

선거의 마술

2014. 7. 30. 재보선 선거
여당 압승에 야당 참패
상상도 못한 변화
정치에 대한 무관심과 혐오
누가 만든 결과라기보다
다 함께 생각하여야 할
이 시대의 화두

공약이 난무하고
거짓말이 참말인양 둔갑하는
불신의 선거판
민주주의 꽃이라기보다
자본주의의 추태를 연출하는 꼴볼견의 경연장
모두가 책임져야 할
이 시대의 숙제

어느 정당을 선택할까
아니 어느 누구를 선택할까

모두가 오십 보 백 보인데
양심은 저울대 위에 춤추고
선택은 필수이기에
투표는 우리들의 권리요 의무
후회 없는 내일을 위한
정답은 찾은 것일까

세월호는 석 달 열흘도 넘게
물밑에 잠자고 있는데.

참나무를 보면서

산속의 수많은 나무
나름대로 제 몫을 하기 위해
인간과 같은 치열한 생존경쟁
숲을 만들어 더불어 사는데

나무중의 나무라는 참나무
으뜸열매 상수리 열매 만들고
다람쥐 식량공급 하나니
인간이 탐하게 될 줄이야

누가 돌보지 않아도
저절로 자라 제 몫을 하는
산속의 나무 참나무
죽어서 까지 숲으로 태어나고

참나무 같은 민초들
스스로 잘 살아가건만
간섭 많은 세상사
자유는 행복의 지름길인데.

가을날

따스한 가을 햇살
구름 한 점 없는 하늘
바람 한 점 없는 대지
산천이 죽은 듯
무겁게 느껴지는 나무들

저 건너 보이는
아파트 숲 속에는
각종 소음 속에
무언가를 찾는 군중이 있고
부딪히는 일상사에
나무보다 무거운 또 다른 얼굴들

같은 하늘 아래이면서
너무도 다른 모습들이라니
살맛나는 세상이라는데
믿어도 되는 것일까
생각만으로 끝나지 않기를

날아가는 저 새는 어디로 갈까.

자두 생각

금년에도
어김없이 꽃은 피었어도
맺지 못하는 이곳 자두나무
몇 년 전부터 없어진
꿀벌 때문일까

새순이 돋아나고
날씨가 따뜻해지는가 싶더니
여름처럼 덥다
계절의 실종

어지럽다
세상이
머리가
어미가 자식을 죽이고
자식이 아비를 죽이고

꿀벌이 살아나야
모두가 살 수 있을 텐데
6.4일 지방선거는 다가오고
행동하는 양심을 보고 싶다
금년에는 자두를 먹을 수 있었으면.

아파트단지의 비둘기

1300세대가 살고 있는 용인시 공세동 피오레 2단지
정적 그대로다
건너편 아파트 베란다에 비둘기가 안 보였다면
죽은 도시를 보고있는 느낌

옆 야산 숲이 있는데도
베란다를 오가는 비둘기
인간과 더불어 사는 모습
정감을 더해주는데

무엇을 찾아왔고
어디로 가는지는 몰라도
움직인다는 사실은
생명체로써 하나의 삶을 살아가는 짓거리

수많은 다툼과 전쟁이
끊이지 않는 인간사
알지 못하는 비둘기의 삶이라면
어느 쪽이 아름다운 것일까.

日常

오늘도 보고 듣고 말하고
내일도
모래도
반복의 일상(日常)

시간은 멈추지 않고
계속 흘러
한 해의 문턱을 넘으려고 하는
12월의 고갯길

잠시 오늘을 돌아본다
날마다 보고 듣고 말하고
어차피 시간 속에 묻혀 갈 모든 것들인데

반복의 일상이
쌓이고 쌓여
한 사람의 인생사가 되고
그 시대의 인류사가 되는데

이 시간 속에서
이 공간 속에서
아름다운 삶을
자유롭게 살고 싶다는
소박한 소망
행복을 향한 손짓일러니.

첫눈

눈이 날린다
한 송이 두 송이
셀 수 없도록……

밑으로 내려야 할
눈송이가
오히려 위로 날린다
내리는지 날리는지
분간이 안되고

땅에 닿는 눈은 녹아버렸고
나무나 풀 위에 내린 눈이
약간의 겨울 흔적을 보이는데
방 안은 봄 날씨

자동차 소음도 없는
용인 공세동 피오레 아파트2단지
모든 것이 정지된 양
정적만이 존재하고

삶 속의 어느 단면
사진처럼 각인될 때
기쁨으로 충만되면
순간에서 영원을 찾나보다
이 순간처럼.

찾아가는 문학기행

꽃피는 4월(2014. 04. 12. ~ 04. 13.)
남원 순창으로 떠나는 열여섯 번째의 문학기행
항상 다른 지역을 돌아보며
자랑거리 없는 자신과 고향을 생각했고
늦게나마 찾게되는 정겨운 고향 순창

남원의 혼불문학관을 돌아보면서
손가락으로 바위를 뚫어
글씨를 새기는 심정으로
혼신의 힘을 쏟았다는
최명희 작가의 창작정신에
새삼 놀래어 머리 숙였고

400여 년 전의 노비문서를 보고
죽어서도 노비로 남아있는
19명의 노비의 한을 풀어주고 싶었다는
작가 스스로의 고백처럼
자신의 집안과 주변의 서민적 애환을 담아
17년간 본인의 목숨과 바꾸어 이루어 낸 혼불
위대한 작가 정신의 산물일러니

혼불 숭어리들림터 식당의 점심식사
깔끔하고 맛깔스러운 전라도 음식의 진수
여행의 또 다른 낭만일 것이고
이동하는 장소마다 새 봄으로 단장하는 산하
진달래 개나리 목련꽃 복숭아꽃에
산 벚꽃의 만개는 자연이 만드는 모자이크

순창 쌍치의 전봉준 장군 피체기념관
세계 3대 혁명의 지도자가
순창에서 피체된 사실이 마음 무거워
애써 살인 강간 등으로 수배된
순창 출신 수배자를 보지 못한 순박한 고장으로
김병로 전 대법원장, 윤영철 전 헌법 재판소장
서편제의 박유전과 노사 기정전 선생의
출생지가 모두 순창이라고 소개하였고

녹두장군 밀고자가 정읍 출신이라고
굳이 새김으로써 누군가가 훼손까지 하였고
한때 여론화되어 지역 자존심이 내재된 곳

지금은 농촌 체험관을 만들어 쉬어가도록
하였나니

전남북 문학의 만남과 한국 문단에 대하여
이명재 문학박사님의 특강을 받으면서
새로운 문학의 길도 찾아보았고
피구놀이, 발야구놀이, 투호놀이, 윷놀이에
동심으로 돌아간 남녀노소
인간의 본심은 역시 천진난만이련가
새싹 돋은 새봄이 더욱 새로워지고

낭만 콘서트로 이어진 멋진 문우들
시 낭송과 장기자랑 노래와 춤솜씨 글솜씨
문학춘추작가회는 더더욱 발전하여
K팝에 이어 한류처럼 흘러
이 고장은 물론 우리나라
나아가 전 세계로 웅비(雄飛)하리.

잡초

누가 눈여겨보지 않아도
질긴 생명력으로
스스로를 지키고
온 누리를 감싸나니

잡초가 없다면
세상은 사막
모든 생명체가 위태롭기에
싫어할 수만은 없으리니

민초가 있기에
나라가 있듯
삶의 바탕일러니
없애거나 짓밟지만 말기를

물과 공기와 같은 존재
무한의 가치를 가졌건만
홀대에 홀대를 받는 모습
이 시대의 자화상을 보는 것 같고.

종합병원

창구마다 줄지어 있고
주차장은 항상 만원
부서도 많고 의사도 많고
병실도 많고 환자도 많은데

웃음은 어디 갔을까
근심과 찌푸린 모습들
생사의 갈림길 위에
선택할 수 없는 나약한 군중들

주어진 생명이라는데
마음대로 조정하는 곳(?)
아니기에
영안실도 있음이려니

생로병사의 비밀을
풀고자 애썼던 불타는 갔고
히포크라테스의 선서는
오래된 옛 이야기

도떼기시장 같은 대기실
저 속에 끼지 않기를 바라는 마음
뜻대로 안 되는 삶이기에
오늘도 병원 문전에서 서성거리고
태어나 말도 배우기 전에
심장수술을 두 번이나 받았던 손자
곧 중학생이 된다는 현실이기에
의지할 수밖에 없는 현대의 의술

이제는 안사람이 들락거리고
나 역시 어느 때 신세를 질 것인가
제발 병원 근처에도 안 갔으면
나의 소원이 우리들의 소원이기를!

문전성시

법원, 검찰청사는 문전성시
내국인과 외국인
남자만이 아닌 아녀자까지
사연도 가지가지

생각들이 다르고
생활습관이 다른
사람들과의 관계일러니
양보와 이해가 부족한 탓

지옥과 천당이 공존하고
악마와 신이 함께하는
없으면 좋겠지만 꼭 필요한
민초들이 붙잡고자 하는 지푸라기

유전무죄 무전유죄라는
이 시대의 서글픈 유행어
파리를 날리는 청사였으면
꿈은 이루어진다는데……?

이루어질 날이 있다는 정의 앞에
날마다 속아 살아야 하는 현실
외면하고 싶은 옅은 생각
찾다보니 이곳 휴당산방인 것을.

천국의 초상화

보이는 내 모습
지금의 나이겠지만
100년이 지나고 나면
네가 나이겠기에

할말이 무엇이고
무엇이 남았을까

한 순간의 추억(?)
아니면
100년 전 내 모습.

하늘에서 듣는 팝송

하늘의 비행기 안
흘러 간 팝송
천사의 소리
영혼의 속삭임

천국이 이곳인 것을

근심 걱정 없는
나만의 시간과 공간
우리들이 원하는 것

행복
내가 있는
지금 이곳.

추상화 타일

때로는 인디안 추장
때로는 법당의 불상
때로는 만화 속 악당
때로는 팔등신 미녀

종잡을 수 없는
화장실 바닥의 타일
마음 따라 변하고

변치 않는 타일
장님 코끼리 만지듯
시간 따라 달라지는데

오늘은 어떤 모습
속아 사는 삶 속에
스쳐가는 허상의 잔영들.

만남

문턱을 넘어
보이는 것들
낙화

어젯밤 내린 비
이즈러지고
멋모른 나비
날개만 퍼득이나니

어디쯤에서
만났을까.

콜라텍 소묘

찬란한 어지러움
반사된 불빛
욕망은 잠자고

흐르는 듯
멈추는
하나의 짓거리
시간 속에 뒹굴고

현실을 삼켜버린
산데리아 그림자
주인은 누구였을까
텅 빈 회전의자.

수원역에서

땅 위에 있어야할 나무
옥상에서 춤추고
하늘 위에 땅
땅 밑에 하늘된 세상

만국기는 펄럭이는데
어디로 갔을까
깃발

알 수 없는 발길
맴돌다 가겠지만
누군가를 기다리는 손짓
이 시대의 라상(裸像).

소음 공해

매미 소리
TV 소리
자동차 소리
주방의 덜그럭 거리는 소리

반갑지 않은
소음
피할 수 없는
삶의 모습

여름철 더위와
짜증을 더해 가는
한 술 더 뜨는
정치인들의 목소리

시끄러운 세상
당연지사
듣기 싫으면
귀 막으면 되는 걸까?

알맹이

보일까 말까
씨가 있는지 없는지
봄 되고 여름 되면
끝없이 돋아나는 새싹들

나름대로의 속성을
전해가는 신비
알 듯 모를 듯한
외경스런 생명력

미미한 출발이
잡초로 뒤덮고
거목으로 자라고
절로 절로 저절로

세상사 역시
보이는 듯 안 보여도
일어나고 사라지고
사건은 속성이 문제인 것을.

2015년 팔월

맴 맴 메에 엠 맴
매미 소리에 시끄러운 팔월
작열하는 태양은
바람마저 삼켜 버렸고

축 늘어진 호박잎
헐떡거리던 삽살개도
그늘 찾아 잠들고

코스모스 잎마저
목말라 하는
팔월의 오후
소낙비라도 내렸으면

세월호 처리를 보는 것 같아
숨이 막힌다
기다리는 마음
그 누가 알까.

귀가(歸家)의 변(辯)

일과가 끝나고
집에 오는 것
당연한 귀가

수년을 떠돌다(?)
집에 온다는 것
귀가가 맞는 것인지

살다보면
사정이야 다 있겠지만
가정을 20년도 넘게 팽개쳤다가
살만하니까 돌아온다는 것
뻔뻔함의 극치 아닐까

산다는 것은
미지에의 여행이기에
알다가도 모르는 일의 연속
어리둥절할 수밖에 없는 가족 구성원

현대는 역시 혼란스러워.

웬수와의 동거

남편과 아내
전생에서 웬수 지간이라나
살면서도
웬수라고 하던데

사랑이 미움 되고
살다보면 미웁다가도
측은지심 속에 사랑하게 되고
물가의 조약돌처럼 되는 것을

남남으로 만난 사이
콩깍지 벗겨지면 알몸
매끄럽다 보면
잡기 어려워지고

민들레 씨앗처럼
떠나버린 자식들
한 세상 사노라면
그래도 부부 밖에 없나니

떠나보면 안당께
있을 때 잘해야 된다네
웬수를 사랑하라고 하지 않던가
어차피 웬수와의 동거이니까.

알아야 할 것들

알지 못한다
개미는 매미가 왜 우는지
매미는 개미가 왜 열심히 일하는지
물고기는 새가 왜 창공을 나르는지

알려고 하지 않는다
사람들이 왜 서로 싸우는지
고양이는 쥐가 왜 잡혀 먹혀야 하는지
땅강아지는 은어가 왜 강물에 사는지

알 필요가 없다
승객은 자동차가 왜 고장이 나는지
환자는 병원에 왜 입원실이 부족한지
학생은 앞으로 세월호 처리가 어떻게 될 것인지

알아야한다
정치인들이 왜 불신을 받고 있는지
사회 곳곳에 인권유린이 왜 일어나는지

유전무죄 무전유죄가 왜 일어나는지
정의는 반드시 이긴다는 사실을

언제인가는.

―순창문학 2014년 원고

제5부 허구의 진실

고층 아파트에서 | 갈잎에 누워 | 이별·2 | 안개 | 반백 | 허구의 진실 | 영화 천년학 세트장에서 | 순창의 아미산 | 장흥 사인정에서 | 커피문화 | 처제의 영정 앞에 | 인생의 정답 | 유서를 쓴다면 | 기(氣) | 고향을 그리며 | 임금님 사진 | 설악산에서 | 연어의 꿈 | 그리움·2 | 간판 | 지금은 | 안경 | 숙명 | 어버이 생각

고층 아파트에서

고층 아파트에서 보는
지상의 모습들
인간사 천태만상
옛말이 틀림없나니

누구는 걸어가고
누구는 자동차 타고가고
누구는 짐수레 끌고가고

장소마다
시간마다
각기 다른 모습과 행동
삶의 짓거리
그 속에 희노애락이 함께하고

그렇게 그렇게
하루하루가 지나
우리들은 여기 머물다
언제인가는 사라질 것이고

덧없는 인생이라는
삶의 길목에서
우리 서로 돕고 살아야지
즐거운 나날을 위해서

삶은 행복 찾는 게임이니까.

갈잎에 누워

한때는 싱싱한 푸르름이였는데
세월에 밀려
낙엽 되어 뒹구는 신세
수북이 쌓이다 보니
외롭진 않고

짐승도 밟고 가고
바람도 스쳐 가고
눈비도 맞았지만
아직도 썩지는 않았나니

그 위에 누운 내 모습
보는 사람 없어 편하고
새소리만이 정다운 것을
봄에 맛보는 나만의 낭만

역시 자유는 행복일러니
이 행복 누가알까
산행이 주는 이 즐거움.

이별 · 2

만나면 헤어지나니
회자정리(會者定離)
피할 수 없음이여

아름다운 이별을 위해
만들고 꾸미고 노력하지만
이별은 아쉽고
슬프고 가슴 아픈 일이면서도
때로는 시원하기도 한

끊임없이 이어지는 만남과 이별
인간관계이기에
좋은 만남과 아름다운 이별을 원하고
오래 기억되기를 바라는 마음
뜻대로 안 되는 이별이나니

이별 없는 세상
바라는 세상
꿈속의 세상
이승 아닌 저 세상

하여 이별은 있어야 하고.

안개

앞이 안 보인다
낮인데도
지척을 분간할 수 없는 안개
어렸을 때 보았던
2차 대전 당시의 어느 영화

아군과 적군을 식별할 수 없었던
잊혀지지 않은 전투 씬
생사의 갈림길에서
방향을 찾을 수 없는 상황
작금의 사회상을 보는 것 같고

시간 지나면 개이겠지만
예측할 수 없는 시간의 단절
밤보다도 더 절제되어야할 활동
근래 겪어보지 못한 운무
계속 될까봐 걱정스럽나니

가을도 아닌 3월의 봄날인데.

—2015. 03. 27.

반백

반백이 된 줄도 모르고
살아온 지금
75년 동안 무얼 했지
세월이 빨랐을까

변하리라고는
생각지 못했는데
아니 생각지도 안 했는데
모두를 앗아가 버렸으니

시간 앞에 초라한 인간
새로울 것도 없으면서
거스를 수 없는 자연의 섭리
수없이 회자된 인생무상

베풀며 더불어 살고 싶지만
가진 것은 없고
낙서라도 해서 함께 하고픈 것을
쓰레기 생산일까 노파심만 따르고.

허구의 진실

드라마 셋트장
허구를 진실인 양
진실을 허구인 양
만들고 꾸미는 곳

어디 셋트장 뿐인가
우리가 사는 세상도
인생의 셋트장인데
굳이 셋트장을 만드는 것은

진실 게임은 사실과 함께
시간을 안아야 하고
과거를 현재에 재현하고픈
우리들의 소망이었다면

어디까지가 진실이고
무엇이 허구인지 헛갈리고
중심을 잃을 수밖에 없는 현장
또 하나의 삶의 현장

영화 천년학 세트장에서

흥행에 망하고
영상으로 업(up)된
세트장
거짓이 현실이고
거짓이 참되는 곳

선학동 포구에는
갯뻘 만이 보이는데
무지개 다리 위
뜬구름 하나

대낮의 가로등
누굴 비추나.

순창의 아미산

한가위 명절이면
으름 다래 따먹고
정상에 올라 소리친 기억
엊그제 같건만
알밤 줍던 소꿉친구
찾을 길 없고

꿈에도 생각 못한
2차선 포장도로
산허리를 감더니
뒤편에는 장류단지
앞편에는 전원주택단지

풀과 나무
산새와 산짐승
모두를 품에 안더니
이제는 현대의 개발붐도 안나 보다

어머님 품 같은 아미산

중앙의 덕바위(德바위)
역시 덕(德)스런 산 모습
모두를 안아 주나니

다른 지역과 경계선에
위치하는 산들이지만
순창군내에 자리한 아미산
순수한 순창의 산이여라.

장흥 사인정(舍人亭)에서

우거진 숲
맑은 햇빛
빛나는 눈동자
그림자 찾아
여기 왔나니

강물 위에 뜬구름
강물 속에 잠자고
탐진강 물고기
구름을 안고 놀고
매미 소리도 정다워

주렴 현판에서
김필의 흔적을 보고
사인정 토방에서
바라본 세상살이

오늘을 사는 우리들
살맛나는 오늘이어늘
무얼 찾아 헤매이나
자네와 나
여기 있는데.

커피 문화

커피는 음료가 아닌
문화라고 말하는 큰 아들
단순히 마시는 음료이기 이전에
커피 한잔이 주는
문화를 알아야 한다고

대화를 위해서
상담을 위해서
낭만을 위해서
고독을 만끽하는
커피 한잔의 의미

카페만이 아닌
다방에서
식당에서
가정에서
여행지에서

맛보는
커피의 맛
멋과
맛을 아는 이

커피를
단순히 음료로 생각지 않고
문화로 받아들이기에
값을 문제 삼지 않고
즐기고
이용하고
애용한다나

커피의 문화
현대가 낳은
새로운 문화

세계 어느 곳에서나
커피향이 진동하고

지구를 감싸버린
커피 문화의 전성기

커피가 사라지면
지구도 멸망할는지
커피에 중독된 주변 사람들을 보면서
깊이 뿌리내린
커피 문화에 젖어보아야 할
우리가 아닐까

좋든 싫든
현대는 커피 문화에
길들여져 있으니.

처제의 영정 앞에

젊고 아름다운
밝은 웃음띤 얼굴
결혼식 때 찍은 사진
영정으로 걸려 있고

엎드려 절하는 조문객
슬픔이 더하건만
말없이 웃고있는 모습
새삼 느끼는 인생무상

엊그제 문병할 때
고맙다고 건강하라고 하던
다정한 목소리 찾을 길 없고
몇 시간 만에
흔적 없이 사라져 간 육신

죽은 자는 말이 없고
초가을의 따스한 햇빛과
소슬바람 속에

매미만 목청껏 울고있나니

칠십도 못산 인생길
허덕이며 살아온 세월
즐기기에 좋은 세상을
어찌 잊고 눈 감았소

주변에 뿌린 씨앗
잘자라 빛나리니
가는 길 돌아보지 말고
극락왕생하소서.

인생의 정답

하루 종일 사람 그림자 하나
구경할 수가 없으니
당연히 묵언
옛날 유배된 양반 신세

새소리 듣고
물소리 듣고
라디오 듣고
녹음을 보면서
해먹(흔들그네)을 타는 만족감

나만의 즐거움이요
행복 찾는 게임
삶의 방법은 다양하기에
정답 없는 인생이
정답인 것을.

유서를 쓴다면

도움을 주는 삶
내 인생의 꿈
하지만 주지 못하는 처지
가진 것이 없기에

무능의 극치
마음대로 안 되는 세상
현실인 것을
주변이 어지럽다

유서를 작성한다면
무슨 말을 쓸 것인지
전혀 할말이 없고
모두에게 고맙고 미안하다

정말 더할 말이 없다
더불어 살면서
신세만 졌으니까
고맙고 미안할 뿐!

기(氣)

눈은 마음의 창
시력은 체력
75세인 지금
안경 없이 신문을 보고
듣는데 지장 없나니

모자란 건 무엇일가
기(氣)
마음으로는
그 누구도 제압할 수 있을 것 같은데
마음 같지 않은 현실

기(에너지)는 어디에나 있는 것을
보이지 않는다고
부족하다고
착각하지 말기를!

고향을 그리며

고개 마루
홀로선 모습
잊을 수 없고

고향길 모퉁이
돌아 나올 때 새긴
그리움
평생 타관살이 멍애 되었고

지금쯤 사라졌을
밑기둥만 남았던 당산나무
폐허의 절터에서 보는
임자 없는 주춧돌 신세

지나온 세월
모든 것 앗아갔어도
또 다시 떠오르는
추억의 보고.

임금님 사진

컴퓨터 하드디스크 옆에 붙은
임금님 사진 한 장
순창 장류 축제 때
기념으로 찍은 거짓 임금 사진

내 이름은 본래 성주
전남 담양 금성 산성에 사는
거짓 성주
백성 없는 임금

거짓이 난무하는 세상에
거짓 임금이면 어떠하리
산속에 혼자 사는데
임금이라 생각하고 살면 되는 거지

남이 인정 안하면
굳이 인정해 달라고 할 것도 없고
임금이 아니라고 할 것도 없고
착각은 자유이니까

자유는 행복의 지름길인데……

설악산에서

백담사 계곡 따라
오르고 오르는 길
자연과 인공이 가미된
대부분 돌조각이 깔린 길

남자도 걸어갔고
여자도 걸어갔고
어린 학생도 걸었고
노인들도 걸었던 길

철 계단 나무계단
타이어 조각을 깔은 계단 등
갖가지 구조물로 된 다리들

셀 수 없이 계곡을 건넜고
이를 만든 사람들 노고에
한없는 감사를 보냈다

쇠판이 하얗게 닳았으니

나무뿌리는 말하여 무엇하리
다른 사람들 오른 길
나인들 못 오를 손가

1,708미터 대청봉 정상
주변에 잔설이 보인 추위
75세 나이에 반소매 차림이었나니
보는 이들 내 수염보고
나이 묻고 나면 저절로 감탄

멀리 보이는 울산바위며
발아래 펼쳐진 무수한 산봉우리
자연의 신비요 장엄일러니
벅찬 환희
이를 전하지 못하는 아쉬움
부족한 자신의 글솜씨
스스로 짜증스럽고

내 생에 두 번 다시 오르기 어렵고

처음이자 마지막이라 생각하니
조금이라도 더 각인하고픈 마음

이름 모를 갖가지 나무
나름대로 뿌리 내려 제 멋에 겨운 모습
생명에의 외경심 불러 일으켜
고개가 절로 숙여 지나니
제멋대로 생긴 모습들
만물상이 아닐까

보이는 모든 것들은
나를 깨우치게 하는가 하면
초라한 자신의 모습을 보게 하였고

정상에 오르는 등산로 양옆의
엄지손가락보다도 굵은 쇠줄은
바람 따라 멋진 음악을 계속 연주하건만
자연의 소리를 듣는 이
몇이나 되었을까?

연어의 꿈

강에서 태어났지만
활동무대는 바다
춥고 거칠은 베링해
수없는 죽을 고비였나니

18,000킬로미터의 장정
태어난 모천회귀
마지막 생을 마감하는
필사의 몸부림

어차피 죽을 몸이지만
최선을 다하는 모습
생명의 존엄을 보나니
너무도 무거운 종족보존 의무

만신창이가 되면서
산란 하고픈 꿈
잔인하게 짓밟는
어떤 모습들.

그리움 · 2

보이지도 않기에
그림자도 없고
어디에서 와서
어디로 가는지도 모르겠고

슬며시 찾아왔다
간다는 말도 없이 가버리고
아쉬움만 남는
그리움

새싹처럼 돋아났으면
자란 모습도 보여줄 것이지
봄날의 아지랑이처럼
보이는 듯 보이지 않나니

가슴앓이가 된 것이
참 모습이였을까
오늘도 느껴보는
알 수 없는 그리움.

간판

내 간판은 성주
금성 산성의 임금
내 집 간판은 휴당산방
착각 속에 사는 집

수없이 늘어선 간판
세탁소, 약국, 음식점 등
네미시벌(?) 아파트
내가 사는 아파트도 피오레

알 수가 없다
외국인 투성이의 간판
이방인이 되어버린 우리들
지구촌이라는데 노파심은

열심히 꾸미고
돋보일려고 발버둥치고
나름대로 가치를 갖기에
아끼고 이름값 하도록 해야지

민중의 지팡이라는 분들의 모임장소와
모모부처 간판을
양심 세탁소라고
간판을 바꾸어 달아 보았으면.

지금은

지금은
어제가 아닌
순간에 스쳐 갈
보이지 않는 잔영

지금은
어둠이 걷히는 여명도 아니고
태양이 붉게 타는 낮도 아닌
낮과 밤의 어느 순간
기억 속에 남아있는

지금은
우리들의 노래를 부르기에
적당한 것인지 모르겠고
사람들은 저마다
목소리를 크게 내는

지금은
어디에서 와서
어디로 가는지를 모르는
방황과 혼돈이 함께 하는
가장 중요하다는 지금.

안경

사물을 바로 보기 위해서
필요한 안경
때로는
멋으로 쓰기도 하지만

시력이 나쁘면 몰라도
좋은 눈에 안경이 필요할까
안경 속에 숨고 싶어서
보이기 싫어서

색안경 끼고 보는
달라진 세상
바로 보아야할 것을
달리 보고 싶은 마음

안경을 끼어도
교정되지 않는 시력도 있나니
누구를 원망할 수도 없고
보이지 않는 세상 풍경.

숙명

언제 어디서 태어나느냐
주어지는 숙명
떠나지 못하는
때로는 이식되기도 하지만

제자리에서
최선을 다할 수밖에 없나니
제 몫을 하기 위해
눈여겨 보지 않아도

꽃도 피워보고
열매도 맺어보고
제한된 삶을 살아야 하는
인고의 세월

모두가 비슷하지만
더불어 살아야 하는
지구촌 삶인데
어느 삶이 값지다고 할 수 없나니

생명은 존엄하여도
태어나면 죽어가는 것
삶의 진리요
깨달음의 바탕인 것을.

어버이 생각

어버이 없는 사람 없는데
이 세상에 없는 어버이
보고 싶어도 볼 수 없고
공경해 드리고 싶어도 할 수 없나니

나이 많아 저절로 찾아올 수도 있고
살면서 안아야 하는 숙명도 있겠지만
어버이날에 느끼는
아쉬운 마음은
오월의 신록처럼 날마다 새로워지고

생전에 못다 한 효심
묘역을 치장한다고 이루어지나
기제사를 잘 지낸다고 이루어지나
부질없는 짓거리인 것을

불러도 대답 없는 메아리
살아 계실 때 최선을 다할 것을
밀물처럼 밀려오는 후회
씻기지 않는 무거운 마음이여.

제6부 수수께끼의 캄보디아

수수께끼의 캄보디아

수수께끼의 캄보디아

인도지나 반도의 끝
월남과 중국 라오스와 국경을 하고 있는
인구 1,500만의 캄보디아

큰아들 영기와 장손자 석현이와 셋이서
배낭여행을 하기로 한 것이 작년 상반기
형편 따라 2015. 1. 16일부터 20일까지
남자끼리만 다녀오기로 했다.

1월 15일 처음 인터넷을 검색해 봤다
덥고, 모기가 많고, 비가 자주 오고
입국 시 비자발급 수수료가 30$
팁 1$를 얹어주어야 입국이 빠르고
여름옷을 준비하여야 한다고

전에 공산화되었던 나라
폴폿 정권 때 100만 학살의 킬링필드 사건이
있었던 나라
고대 문명이 찬란하여

세계 7대 불가사의의
앙골왓트 사원이 있는 나라라고
아주 단편적인 것만 알고 있었다.

2015. 1. 16일 저녁 7시 10분 비행기
용인 신갈 공세동에서 4시가 넘어 출발
밖에는 겨울 운무가 뽀얗게 끼어
미지의 나라를 간다고
날씨마저 헷갈리게 하고
대한이 내일 모레인데
이슬 같은 겨울비가 내리고 있으니

기후의 변화 때문이겠지만
국정의 중심에 있는 청와대 비서실 마냥
꼭 요즈음 정국을 보는 것 같고

엊그제 동탄 시내 길거리를 둘러보면서
생소한 간판과 도시환경이

전남 담양과 광주에서 보는 것과는
너무도 차이가 나기에
시대의 변화를 새삼 느꼈었나니

인천 공항 가는 길
주변 모두가 너무 변했다
바다 위를 달리는 인천대교
안개에 묻힌 섬들의 모습은
실루엣을 보는 듯하고

육지는 물론
하늘과 바다
모두를 정복한 인간이라지만
아직도 바다는
5%도 개발하지 못 했다는데

손주 석현이는
아버지가 운전에 지장을 받을 정도로
끝없는 질문공세

이제 초등 6학년에서
중학교를 진학하게 되기에
호기심이 많을 때이기는 하지만
외국 여행을 많이 하였으면서도
비행기 좌석에 대해서
써비스에 대해서
방문하는 나라에 대해서 등 등

17:30분 인천공항 도착
방학이고 금요일이어서 인지
주차장은 만차이고
겨우 우리 차 하나를 주차할 수 있어 행운예감

탑승 수속을 20분 만에 끝냈다
비즈니스 클래스이기 때문이라나
처음 받아본 써비스
라운지 무료 이용
과자와 커피도 무료

좌석은 1A, 1B, 1C의 맨 앞줄
옆자리는 공석
19:10분 발 캄보디아 씨엠립 공항행
실제 이륙은 19:35분
밖은 어둠으로 덮였기에
신문을 펼치니
앞으로 KTX가 서울 광주 사이를
93분에 주파한다고 한다

날이 갈수록 좋아지는 세상

오래 살수록 좋은 세상을 살겠지만
모두 다 그러한 것도 아닌 것이
부익부빈익빈의 현상은 더해지는 것 같고
소득 평준화를 꿈꾸는 인류이지만
동서고금에 이어지는 현상이요
삶의 현실인 것을.

눈앞 스크린에 나타나는 비행 상황

이륙 10분이 되자 난기류라고
요동치는 비행기
좌석벨트를 매라는 기내 방송
귀는 먹먹해지고
밖은 육지인지 바다인지 보이지도 않고
이러한 비행을 5시간이상 해야 한다면
불안과 기대가 교차할 수밖에
이러한 것들이 삶의 과정이겠지만

비행기 밖의 온도는
자그만치 -45℃라고 하고
고도 10,363미터
비행 속도 724킬로미터
30분 비행거리 329킬로미터이고
광주 상공을 지나는 표시가 보이니
머지않아 우리나라 영공을 벗어나
현지 시간 11시경에는
씨엠립 공항에 도착할 것이고

이륙한지 1시간쯤 지나
기내식 공급
나는 연어 스테이크와 와인 한 잔
비행기 안에서는
어디를 나르는지 전혀 알 수 없고
다만 스크린에서
남중국해 상공이라고 표시해 주니
믿을 수밖에
기장이 운항한대로 맡길 수밖에
탑승자 모두의 운명을 쥔 기장
이 시간만큼은 신 같은 존재

우리 인생 자체가
운명에 맡겨져 있겠지만
의식하지 않고 살아가는 우리들
때로는 운명을 거역하고자 하여
트러블이 생기기도 하지만
운명을 모르고 사는 것이
행인지 불행인지 알 수 없음이려니

미지에의 호기심과 기대
앞으로 전개될 새로움에 대한
느낌과 감동 경이 등
삶의 변화를 가져다주는 여행
사람들이 선호하고 홍수를 이룰 수밖에
금번 여행 역시
어린애 같은 설렘 속에
5시간 30분을 지나
1. 17일 새벽 1시 10분(현지시간 11시 10분)
(우리나라와 2시간의 시간차)
캄보디아 중앙에 위치한
씨엠립 공항 도착

입국 비자료 30$
세관통과 팁 1$을 주고 나오니
줄지어 있는 피켓 물결
홍영기 이사 가족 피켓을 찾았더니
도요다 승용차에 안내한다

이 나라의 중앙로라고 하는
6번 도로를 달렸다
우리나라 노무현 정부 때
지원하여 포장된 도로라고 한다
이 길을 8시간 정도 달라면(거리는 300킬로
정도인데 비포장이어서)
이 나라의 수도
프놈팬에 도착 한다고

앙골 미라클 호텔로 들어가다가
조금 더 지나 과일가게에서
망고, 사과, 바나나를 샀는데
모두 합해서 10$(한화 11,000원 정도)
역시 과일이 싸다

미라클 호텔 1번 룸
2인 트윈 실을
3인이 잘 수 있도록 임시 개조한 모양
우리 가족을 위해서

특별히 배려한 것 같아 고마웠고(사실 여부는 모르겠으나)

문을 열고 들어가니
건너편에 창문과 커튼이 있고
좌측은 2분의 1이 목재
2분의 1은 창문 하나 없는 하얀 벽체
오른쪽도
창문 하나 없는 하얀 벽체
중앙에 거울과 TV
양쪽으로 의자가 있다
입구 좌측에 목욕탕과 화장실
우측이 목재로 된 옷장
벽에는 유화 2점이 걸려 있고
TV는 1, 2, 3번이 한국방송이고
나머지 79번까지가 자국 및 기타 방송
뮤직비디오가 많은 것 같았다

창문 밖에는 열대식물의 정원
건너에 또 다른 4층의 호텔
아주 조용하다
방음 시설이 좋은 것 같다.

동남아시아에서 방글라데시와 함께
가장 낙후된 나라
과거 바라문교의 나라이면서
불교나라이기도한 이 나라
과거의 수도 비엔립 지역은
1992년 유네스코 문화유산으로 지정되어
공장과 고층 건물을 지을 수 없단다

앙골 와트사원을 비롯
곳곳에 엄청난 규모의 문화유적이 산재되어
중국 일본 한국에서
하루에도 30여 편의 비행기에
1만 여명에 가까운 관광객이 옴으로써
흔한 과일 구하기가 어려울 정도라니
과히 관광의 나라, 도시라고 하겠다

길거리에는 한국어 간판이 곳곳에 있어
이곳에도 한류 바람이 부는 것 같고
국민소득이 1,000$이 안 된다니
24,000$의 우리나라와 비교가 안 될 수밖에
다행이 연 8%의 경제성장을 하고 있으며
6.25 직후의 우리나라와 비슷하다고 보면 되겠다

이들에 비하면
우리나라 사람들
열심히 한 결과이기는 하지만
복 받았다고 하겠고 이번 여행하는 우리 3대
조상님들에게 감사드리고
아들에게 고맙고 미안하고 부끄럽고
한편 대견하기도 한 착잡한 심정

머리맡 조명등은
벽체에 목재로 네모지게 들어가도록 한 뒤
상부에 조명등을 끼우고
안에는 이곳 전통 의상을 입은

상반신 여인이 양 젖통을 내놓은 모습
이목구비와 젖꼭지가 선명하고
곡선미가 아주 부드러워
찍은 벽돌이지만 미적 감각이 뛰어나게 보였고

아침 식사는 뷔페식
갖가지 음식이 정갈하고
멋스럽다
2층 식당은 실내와 실외로 되어있고
실외 식당 아래로 수영장이 있으며
갖가지 열대식물로 꾸민 정원에
휴식공간과 일광욕을 즐기도록 한 시설들
이곳 상류층만이 이용할 수 있는
최고급 시설이기에
지상 낙원 같은 곳이라고나 할까

서민으로서는 이용하기 어렵다고 본다면
세상은 불공평한 것이 현실이고
나 역시 이러한 시설을 이용하리라고는

생각지도 못 했건만
살다보니 이러한 날도 있는 것을.

오전에는 휴식
오후에 이곳 민속촌 관광
먼저 한인 타운이 있다고 하여
들어가 보니 중앙에 과일가게
주변은 파라솔 탁자

우리는 과일의 제왕이라고 하는 두리얀과
잭푸룻이라는 과일을 샀다

처음 보는 두리얀 과일
도깨비방망이(도깨비방망이가 정말 그렇게 생
겼는지는 모르지만)가 아니면
고슴도치처럼 가시투성이 인데
크기는 작은 수박통 정도
속에 치즈처럼 생긴 과속이 있고
이는 주식으로 대용할 만한 단백질의 보고라고

과일향이 독특하여 처음 대하는 사람은
거부반응을 보일 수 있는 과일

잭푸룻은 섬유질이 많은 것 같고
우리네 박속 같기도 한데
한과 맛이 난다고나 할까

점심은 평양냉면집
이북 특유의 여성한복을 입고
서빙 하던 여성들이
무대에 올라 부채춤을 추고
기타를 치는가 하면
아코디온, 가야금, 장구, 바이올린 연주까지
다양한 연기와 공연
자신의 삶을 잃어버린 채
모두가 외화벌이를 위한
꼭두각시 인생을 보는 우리들
즐기기보다 씁쓸하면서도 서글픔이 앞서
마음 아픈 기억이 될 것 같고

분단의 아픔을 안 느낀다면
어찌 내 동포이리요
뜨거워지는 눈시울

어떠한 위로의 말 한마디
건네지 못하는 안타까움
서로의 마음을 털어놓지 못하는 우리들
저들만의 고통이 아닌
우리 모두의 슬픔이려니
그 누가 알아주기를 바라리
남북한 우리 스스로가 해결하여야 할
숙명인 것을
분단의 비극은 언제쯤 멈출까
기다리는 통일이여
어서 오라 통일이여
목 놓아 불러보는 통일의 절규

씨엠립이란 도시명은
800여 년 전 수도였던 이곳에서

태국을 싸워 이겼기에
태국을 이겼다 라는 의미로 만들어진 것이란다

이 나라 주민의 월 소득이
선생은 100$ 내외
의사는 300~400$ 내외
평균 80~90$ 이고
보통 100$를 넘지 못하고 있어
1$를 구걸하는 어린이들이 거리를 누비고
우리나라 관광객들이 주는
1$의 선심은
자라나는 이곳 어린이들의
일생을 망칠 수도 있다는 사실이
가슴을 저며오게 하나니

우리나라 동전 10원을 만드는데
34원 정도의 비용이 든다는데
이곳에서는 굴뚝(공장)이 없어
동전을 못 만든다고
유네스코 지정 관광지이기에

14:30부터 민속촌 종합공연관람
민속촌에는 우리나라처럼 대부호 저택과
농촌마을을 꾸며 놓았는가하면
참족, 화교, 꼴라족, 크롬족, 크메르족,
프농족 등의
여러 소수민족의 생활상을 볼 수 있도록 하였으며
소극장과 100명 이상 출연하는 대극장이 있고
식당과 토산품 판매점을 비롯
중국식과 태국식이 가미된 발 안마업소까지
아주 다양하게 꾸며져 있었다.

11:00부터 시작되는
크메르 전통 결혼식부터
밤 7:00에서 8:00까지 공연되는
자야바르만 7세 대제전까지
다양한 공연이 계속되어
캄보디아를 이해하는데 지름길이 되는 곳

대나무를 이용한 뛰어넘기는
우리나라 고무줄 놀이와 비슷하고
목욕하는 풍습을 담은 춤도 있었고
남녀가 짝을 지어 춤추는 것 등이
이색적이었으며
시장풍경을 주제로 한 공연과
무에타이 무술을 바탕으로 한 공연 등
다채로운 공연은
관광객을 위하고
자신들의 전통과 수입을 위한 몸부림

공연자가 퇴장할 때
발을 헛디딘 것처럼 하여
무대 한쪽이 무너지는 듯 꾸며
관객을 놀라게 하는 트릭
예기치 않은 상황에
관객들은 폭소와 흥미를 더하고

캄보디아 전통 결혼식
모계 사회이기에
지참금이 필요하고
상속도 막내딸에게 한다나

하루 종일 음악이 연주되고
24번의 의상을 갈아입으며
3일간의 피로연을 한다고 하니
나라마다 다른 결혼 풍속이기는 하지만
장가가기 힘든 나라 같기도 하고
데릴사위 제도의 나라이기에
신랑을 여성이 고른다나
민속촌에서는 신랑 고르기 공연까지 하고
야외 공연장인데 내국 관광객도 많았고

교통이 편리하고 관광정보가 공유되어
세계가 하나의 생활권으로 묶여
모든 관광지는 인종 전시장 같기도 하고
그만큼 삶이 풍요로워졌다고도 할 수 있겠고

귀신 동굴의 바위산은
인공으로 만든 시멘트 산
웅장하고 거대하지만
중국마냥 깜짝 속게 만들었다.

중국 화교마을에서는
중국 전통공연을 하는데
황룡과 청룡이 등장하여
다양한 퍼포먼스로 관객을 즐겁게 하고
이어서 서커스 공연
한 사람에게 7사람이 매달리는 힘 자랑(?)과
갖가지 묘기는 여행지에서 맛보는
또 하나의 소득

우리나라 박카스가
이곳 국민음료가 되었다는데 놀랍고
그것도 단순이
유리병 포장을 캔으로 바꾼 것 뿐이라니
사람의 마음은 알다가도 모를 일

인간의 행복은
즐거움과 만족의 추구
남을 해치지 않고
더불어 살면서 추구하여야 할
기본가치 이기에
사람들은 오늘도 행복을 찾아 헤매이고

태평양 쪽에는 인도네시아와
말레이시아가 태평양 폭풍을 막아주고
내륙에서는 월남이 막아주기에
풍수해 등 자연 재난이 없는 나라
지금까지 지진 한번 없었고
비가 많이 와도 더운 기후 때문에
금방 건조되어 버리기 때문인지
민속촌 야외 공연장 모두가
목조 건물과 목조 의자다
썩지 않는 나무가 있다고는 하나
자연 친화적이어서
한결 보기 좋았고
국민 대부분이 자연과 동화되어 사는 것 같았다

저녁식사는 보쌈정식
토속주를 주문해서 맛보니
일종의 고량주

우리나라에는 천 냥 집이 있어서
천원으로 쇼핑의 즐거움을 누리는데
이곳에서 파는 불꽃놀이 제품
1$에 사서
공중에 쏘아올리고
또 쏘아올리고

다이오드 불꽃인지
무엇으로 만들었는지는 몰라도
계속 쏘아 올리면 불꽃이 되는
이곳의 장난감에
손주는 마냥 신이 났었나니

시내 야간관광지는
도태기시장 같은 분위기였고

이 나라의 맥주와 음료수 아이스크림 등
다양한 체험 속에
만끽해본 자유
여행의 즐거움
행복 찾는 게임 아닐까

2015. 1. 18. 일
씨엠립 주변의 역사 유적지 관광
둘레 24킬로미터라는 구역에
앙골왓트 사원을 비롯
따쁘롬 사원, 바이욘 사원 등
돌로 쌓은 수많은 사원이 산재되어 있음으로써
지금은 유네스코 문화유산으로 지정되어
보호 관리되고 있으며
세계 곳곳에서 수많은 관광객이
인산인해를 이루며 관광하는 곳

입장권에 본인 사진을 찍어 교부되는
1일 20$되는 입장권을 목에 걸고

이곳에서만 볼 수 있는
오토바이 인력거인 툭툭이를 타고
따쁘름 사원으로 이동

이곳 사원들은 모두가 사암으로 건축되었는데
이 지역은 산도 없고 돌도 없어
저 많은 돌들을 어디에서 어떻게 운반하였는지

BC 801년부터 1331년 사이에
34킬로미터 떨어진 프놈클랜이라는 돌산에서
수로를 이용하여 운반하였다는 가이드 설명
여름 우기에 하루 한 번씩
30분~1시간 정도 비가 내려 수로에 물이
차게 되면
이때를 이용하여 돌을 운반하였다고

따쁘롬 사원은 자야바르만 7세가 건설
7세 때 부모가 도륙 당하는 현장을 목격
남부로 쫓겨 갔다가 지방사령관이 되고

베트남이 침략할 때 각종 전략을 발휘
권토중래하여 왕으로 등극한 후

재임 기간 중 어머니를 위하여 건설했다는 사원
많은 탑과 방으로 구성된 특이한 건축물
아직도 용도를 알 수 없지만
보석의 방이나
통곡의 방이라고 하는 곳은
불가사의의 극치가 아닐까

거대한 사암으로 구축된 탑 안은 공간이며
보석의 방은 사방에서 화려한 보석을 장식하고
사방에 빛이 굴절되어 들어오도록 하여
보석이 더욱 빛나도록 하였다니
당시의 조명 기술에 놀라고
건축 설계와 축성 솜씨에 놀랄 수밖에

통곡의 방이라고 하는 곳은
불가사의 중의 불가사의

손뼉을 치거나
다른 어떠한 소리를 내어도
울림이 없는데
오직 자신의 심장을 두드렸을 때
웅장한 울림으로 들려오나니
현재의 과학으로도 풀지 못한 신비
전해 오는 말은
바야바르만 7세가
어머니의 원통한 죽음을 잊지 못해
이곳에서 통곡하며 심장을 두드려
비통함을 신에게 전달하였다는 것

누구나 한번쯤
이곳에서 자신의 심장을 두드려 볼만한 곳

언제인가는
누구에게서나마
울림의 수수께끼가 풀릴 것인지
역시 알 수 없는 수수께끼가 아닐까
세계 7대 불가사의의 일부분인데

거대한 돌탑에는
40~50미터 높이에 둘레가 수 미터가 되는
스펑 나무(일명 구렁이 나무라고도 한다고)
뿌리가 구렁이 마냥
거대한 돌탑 사이를 파고들어
탑을 훼손하였고
또한 아이러니 하게도
탑을 지탱하고 있나니

스펑나무 뿌리에 뱀허물이 걸려 있고
실제로 코브라 뱀을 본적도 있다고 말하는
안내인

여성들의 생활상과
전쟁 상황 등을 조각으로 기록한
바이욘 사원 역시
자야바르만 7세가 건설하였다고

크메르의 미소라고
일명 천년의 약속이라고 하는
49개의 4면상 중 37개만이 남아 있고
표정이 각기 다를 뿐만 아니라
보는 각도에 따라 달리 보이게 만든
조각의 걸작품이고

잡사라라고 하는
일명 천상의 무희라고 하는
여인들의 춤추는 모습들이 조각되어 있고
잡사라는 전쟁 승리에 대한
축하 공연 등을 하였을 것이고
이들의 손동작 발동작
하나하나의 섬세함이
천년이 지난 오늘에도
살아 숨쉬고 있음이러니
당시 2,800여 명의 잡사라가
지금 춤추고 있는 것 같고

탑들은 군데군데
파괴되어 볼상 사납기도 하고
불교와 힌두교의 종교 갈등은
영혼까지 파괴하고자 하여
목 잘린 석상들을 남겼고

사방 5킬로미터의 구역에
당시 100만 인구가 거주하였다니
지금의 도시와 비교해보아도 알 수 있으리
망치와 도끼
가마솥과 돼지 도살장면과
베트남 병사의 사형장면
잠수하여 적함의 배 밑창에
구멍을 뚫는 장면까지
고기 때문에 노 젓기가 어려웠다고
전해지는 전설같은 이야기가
조각으로 남아 오늘에 이르고

동서 길이 1.3킬로미터
남북 1.5킬로미터
해자 폭 200미터, 길이 5킬로미터
모래 흙벽돌이라고 하는
라테나 흙과 사암으로 쌓은
높이 75미터의 앙골왓트(Angkor Wat) 사원

서쪽으로 문이 나 있어
200미터의 육교를 건너 사원에 들어서니
대칭으로 짜여진 사원답게
양편으로 위병소(?)같은
용도를 알 수 없는 석탑건물이 있고

본 사원 앞에는
연못(?) 같은 저수지가
역시 양쪽으로 있는데
북쪽 저수지 옆에
돌탑이 아닌 사원이 운영되고

그 앞에 늘어선 상점에는
온갖 것들이 주인을 기다리고

노천 의자에 앉아
남국의 야자수 열매를 사서
물은 빨아먹고
쪼개어 하얀 속살은
사이다 야채로 하여 먹는 맛이란
색다른 맛이요
멋이고 낭만이었고
별미였다

야자수 껍질은
화장품 원료로
말려서 땔감으로
부식시켜 퇴비로
하나도 버릴 것이 없다는 것
천연 자원의 가치

사원의 도시라는 의미를 가진 앙골왓트는
수리야 바르만 2세가
바라문교의 주신인 비뉴스와
합일하기 위하여 만든 바라문교사원

210ha(약 65만평)의 공간에
200미터의 해자를 만들 때 나온 흙으로
만유계를 상징하는 1층과
인간계를 나타내는 2층
신의 세계를 의미하는 3층까지
동서남북 십자형 대칭 방추형석탑을
30년에 걸쳐 쌓았는데
석탑 속은 흙이고 겉은 사암으로 되어있다

전장 760미터의 회랑에는
당시의 전쟁 상황과 민속 복식 등
방대한 자료를 조각으로 남겨 놓았고
1000년이 지난 지금도 너무 뚜렷해
세월의 흐름을 믿어야 하는지
내 눈을 의심해야 하는지

신에 참배하기 전 목욕을 하기 위해
2층에 목욕탕을 만들었고
지금도 물이 새지 않는다고 하니
그 당시의 방수 능력과 건설 솜씨에
다시 한 번 놀랄 수밖에

모래로 만든 라테라라는
돌처럼 단단한 벽돌을 지반에 깔고
또한 성을 쌓은 뒤
사암으로 덮은 후 조각을 하였다고

좌우 대칭 구조인데
대칭 규모가 1센티도 차이가 나지 않는다니
믿기지도 않고
종이도 아닌 큰 돌덩이이고
손바닥만한 규모도 아니고
그러기에 불가사의라고 하겠지만
그래서 신의 작품이라고 말하는 이도 있다고

사원의 터를 해자로 둘러
물위에 떠있는 것처럼 건설함으로써
우기와 건기에 따라
부상과 침하가 자연적으로 이루어지도록 하여
건축물에 이상이 없도록 하였다니

우리나라 국보 1호의 남대문 하나를 가지고
갖가지 자랑을 하는 우리로서는
이곳 사원의 부속건물 하나만도 못한 듯한
느낌을 가져야하는 씁쓸함
찬탄을 넘어
인간의 능력과 한계에 감탄할 뿐

건축 설계도 없고
용도에 대한 설명도 없고
어떠한 방법으로 만들었는지
의문에 의문만이 꼬리를 물고

세계 각국에서 온 관광객
사진 찍고 구석구석 살펴보면서
나름대로 생각들을 하겠지만
신비는 풀리지 않나니

벽화 탁본과 관광객의 손길 때문에
반질반질해진 벽화들
지금은 곳곳에서 감시하고 있어
1미터 이상 떨어져 보기만 하는데
한때 유리로 씌울 계획도 하였다니
언제인가는
멀리서 바라보아야 하지 않을까

이 거대한 문명이 사라진 이유는
외세 침략에 의거
남으로 쫓겨 갔다고 하지만
우리가 알지 못하는
또 다른 비밀이 있을 것 같기도 하고

잉카문명의 마추픽추나
중국의 만리장성
진시황의 무덤
이집트의 피라미드 등
세계 곳곳에 널려 있는
인류의 발자취와 흔적들
인간의 위대함을 실감케 하면서도
우리 스스로
인간의 능력이 어디까지인지
알 수 없음이려니

도시의 지금 마천루가
전염병이라도 발생하여
졸지에 인류가 거의 멸망된 후
수 천 년이 지나 또 다른 후세 인간이 본다면
지금의 우리처럼 놀라지 않을까

1861년 프랑스 박물학자 앙리듀오가 발견
1972년부터 폐쇄되어 베트남 전쟁시

훼손과 약탈이 이루어져
전체 유적의 70% 정도가 복원 불능이라니
안타까움만 더할 뿐
수수께끼는 더욱 풀기 어렵게 되었고

사원을 대략 둘러보는데 3일 정도 걸리고
좀 더 자세히 볼려고 하면
6개월 정도 걸린다는데
오늘 하루 세 곳의 사원을 둘러보았다

저녁에는 토속음식 쿠시띠오라는 볶음밥을
먹어 보았다
쌀국수에 숙주나물을 넣고
몇 가지의 향신료를 첨가하여 먹는 음식
청양고추 보다도 더 매운 고추와
오렌지즙, 후추 가루 고추씨 기름
고수 나물과 미나리 등의 채소를 곁들여
1차로 먹고 2차는 밥을 넣어 볶아 먹는 것이
우리나라 해물탕 먹은 후 밥을 볶아 먹는 것과
비슷

우리나라에서 가설해 준 가로등 따라
자연 발생적으로 만들어졌다는
씨엠립의 야시장
연인 가족들의 나들이 장소이자
쇼핑과 어린이들 놀이 먹거리 등
새로운 풍속도가 이루어져
이제는 외국 관광객까지 찾게 되었고

관리는 열악하여 공중변소 하나
변변히 시설하지 못한 야시장
후진국의 실상을 실감하기에
나라가 부강하여야
개인도 행복해진다는 교훈을 얻는 곳

풍부한 과일과 민물고기
특별한 노력을 하지 않아도 살 수 있고
프랑스 식민통치를 거쳐
일본의 지배도 받았고
지난 왕조 시대에 길들여진

순종의 국민성(?) 때문인지
적극적인 국민성이 형성되지 못한 것 같고

화려했던 지난 역사와
너무도 대조된 삶의 모습
지금도 그 많은 관광 수입이
어떻게 쓰이는지 모르는 국민일 테니
치자(治者)와 피치자의 애환은
역사의 산물이라고나 할까

놀이시설은 범퍼 카 시설도 있고
우리나라 유원지에서 볼 수 있는
경품성 놀이 등이 있었고
석현이는 범퍼 카도 타보고
풍선 터트리기도 하여 받은
음료수 등을 구걸하는 아이들에게
나누어 주기도 하고
이곳 풍습을 가장 빨리
파악 할 수 있는 곳 중의 하나

숙소 오는 길에
한인촌 과일가게에 다시 들러
파인애플 2킬로그램과 망고 3킬로그램을
구입(과일은 중량 판매)
가격은 5$(한화 약 6,000원)
싱싱하고 맛있고 푸짐하다

숙소에서는 과일 안주에 맥주파티
빔 프로젝트를 이용한 영화를 보면서
현대 문명의 편리함을 만끽하였나니
단체 여행이 아닌 가족여행의
또 다른 매력이리라

말로만 배낭여행
내용은 고급 가족여행
같이 못 온 다른 가족들에게
미안 미안할 뿐이고

2015. 1. 19. 일
동양 최대라는 톤레샵 호수관광
빨간 황토 흙탕물
아무것도 살수 없을 것 같은 호수인데
예전에 물 반 고기 반이였다고
지금도 이 호수에 의지하여
생계를 유지하는 캄보디아 인구가
전체 인구의 60%나 된다니
이 호수의 중요성을 알만하리라

선착장 대합실에는 아리랑 음악이 흐르고
둘러보니 한국 관광객이 대부분
배를 타고 20분 가량
수로 같은 좁은 지역을 벗어나자
바다 같은 수평선이 나오는 호수

수로 양옆으로 맹그로브 나무가
밀림을 이루었고
이 나무들의 정화작용 때문에

주변 사람들이 이 물을 이용해도
질병 없이 살아간단다

월남에서 피난 나온 수상가옥들
이곳 주민들과 별로 사이가 좋지 않다고
견원지간 같으면서도
동상이몽을 안고 살아가는
또 하나의 비극의 현장
국적도 제대로 갖지 못하고
그야말로 물 위에 뜬 인생이란다

그래도 수상촌에는
있을 것은 다 있단다
창고, 교회, 학교, 마트 등

호수에 배설하고
그 옆에서 목욕하고 세탁하고
음식을 만들어 먹으면서도
불편을 안 느끼고 살아간다니
삶의 다양함을 새삼 보나니

히말라야 만년설에서 내려오는 물이
중국과 라오스를 거쳐
메콩강으로 이어지고
이 호수의 수자원이 된다는데
지금은 중국에서 많은 댐을 건설함으로써
수자원의 부족은 물론
이 나라의 주식인
민물 어족자원의 고갈을 가져 오고 있다고
세태의 변화는 이곳도 비켜가지 못 하는가 보다

수로를 나가는 배와 들어오는 배
연이어진 모습이 2열 종대 행열
400 여종의 물고기가 살고 있지만
먹는 종은 20여 종에 불과하다고

수상 가옥 슈퍼에서
해먹(흔들그네)을 타고 있는 주인
한가하고 평화스런 모습으로 보이나니
행복의 기준이 헛갈리는 것 같고

큰 배가 9~10시간을 운항하여야
이 나라 수도 프놈펜에 갈 수 있다고
북쪽으로 4~5시간 운항을 하여야
라오스 국경에 닿을 수 있단다

수평선을 볼 수 있는 곳에서
소규모 악어 양식장과
메기 양식장을 구경하고
모처럼 날으는 제비도 보고
해먹도 타보고 사진도 찍은 뒤
출발지까지 돌아오는데
1시간 30분 정도 소요되었고

수로 주변에는
곳곳에 수표 기둥이 보였고
지금은 갈수기라고 하여
수표 눈금이 2미터 정도 내려가 있었다

물이 없으면 살 수 없는
생명체 모두가 필요로 하는 물도
지역과 주변 환경에 따라
존재와 이용도 다르고
평소 물같은 사람이 되고자 하였던 자신이었음을
"이런 사람이 되고 싶었다"라는 제4시집에
이미 밝힌바 있지만
다시 한 번 상선약수(上善若水)를 생각케 하고

점심은 토속음식 앙코르슈끼
일종의 샤브샤브
10여 가지의 채소를 넣어먹는 음식
우리나라 음식 맛과 비슷
거부감 없이 먹을 수 있었고

점심 식사 후 농업용수로 인공 조성하였다는
바라이 호수관광
6번 도로를 타고 가는 길 좌우에는
원시와 현대가 공존된 모습
곳곳에 한국어 간판이 보이고

4차선 도로인데
2차선으로 나누어
상하로 달리게 하면서
2차선끼리 자동차 오토바이 툭툭이가
마음대로 끼어들게 하는 교통 체계

어지럽게 교차됨으로써
과속은 어렵고
그래서 교통사고 없이 운행되는 모양

툭툭이와 오토바이가 주된 교통수단이고
자동차를 가지면 상류층

오후에는 킬링필드를 볼 수 있는
왓트만 사원을 갔다
폴폿이 크메르 루즈군을 동원하여
1974년 론놀을 몰아내고
약 4년간 국정을 장악하였는데
죄 없는 지식인을 무조건 잡아다가

자술서를 쓰게 한 뒤
사진 찍어 공개한 후
100~200만 명을 처형함으로써
당시 전국의 의사가 모두 죽고
오직 54명만이 살았으며
압사라 전통무희도 다 죽고
오직 한 사람만이 남았었다니
비극 중의 비극의 현장

거대 지주의 아들 폴폿이
프랑스에 유학하였으면서
공산주의에 심취한 아이러니
잔인한 모든 방법을 동원하여
씻을 수 없는 죄를 저질렀음에도
1998년도에 죽어 70넘게 살았다니
하늘이 무심한 것인지
불교의 인과응보설이 잘못된 것인지

킬링필드 학살 현장은 아니어도
유골을 안치하고
사실들을 사진으로 부착하여 알리고 있었으니
가장 잔인한 것이 인간이고
천사와 악마가 공존하는 것이
인간이라고 한다더니
악마의 모습을 여기에서 보았고

저녁에는 박람회를 개최했던 건물을
중국인이 개조하여 상연하는 앙코르의 미소라는
연극을 관람하였다
지난번 중국여행 때
항주에서 본 송성가무쇼의 축소판 같았고

화려했던 캄보디아의 과거사를
오늘에 되새겨본 연극에서
역사의 단절과
한편으로 맥을 이어가는 예술정신을 보나니
인생은 짧고 예술은 길다 라는
명언을 되새겨 보게 하고

이번 여행에서
보았고 느꼈고 간직하나니
다른 사람들도 조금이나마
느낄 수 있고 참고가 되었으면
얼마나 좋을까 하여
여기 몇 자 적었나니.

어떤 미소

인 쇄	2015년 12월 12일
발 행	2015년 12월 17일
지은이	홍 성 주
펴낸이	박 형 철
편집총괄	박 미 라
편 집	김 주 희
펴낸곳	(사)한림문학재단·도서출판 한림
	61488 광주광역시 동구 백서로125번길 11(금동)
	(062)226-1810(代)·3773 FAX 222-9535
	E-mail hanlim66@hanmail.net
	출판등록 제05-01-0095호(1990. 12. 14.)
	공보처등록 바1717호(1992. 6. 2.)

값 10,000원
ISBN 978-89-6441-205-3 03810

* 본 책자는 전남문화예술재단의 문예진흥기금 일부를 지원받아 제작되었습니다.

* 이 책의 판매처 : 서울 / 교보문고
　　　　　　　　　경기 / 인터파크